MADAME
NAPOLÉON

HUITIÈME ÉDITION REVUE ET CORRIGÉE

SOMMAIRE

Un mot au lecteur. — Son arrivée à Paris. — Madame sa mère. — Sa parenté.
Sa première entrevue avec Monsieur Napoléon.
Ses intrigues. — Son mariage. — Détails sur sa grossesse.
Monsieur son fils. - Deux mots sur la guerre de Crimée. — L'alliance anglaise.
Motifs du voyage en Écosse.
Première régence. — La réaction. — Guerre de 1870.
Fuite de Paris.
Complot Bazaine, Boyer. — Complicité de Madame Napoléon. — Ses manœuvres.
Séjour en Angleterre. — Ses voyages.
Ses incognitos. — Ses visites. — Ses entrevues. — Son entourage à Londres.
Ses projets. — Ses rêves. — Conclusion.

BRUXELLES

AU BUREAU DU PETIT JOURNAL

26, RUE DE L'ÉCUYER, 26

LONDRES	FRANCE
AGENCE DES JOURNAUX FRANÇAIS	CHEZ TOUS LES LIBRAIRES.
33, Frith street, Ohio.	

1871

MADAME
NAPOLÉON

BRUXELLES

AU BUREAU DU PETIT JOURNAL

26, RUE DE L'ÉCUYER, 26

1871

MADAME NAPOLÉON.

I.

UN MOT AU LECTEUR.

Quand la femme passe dans la vie, humble et discrète, se contentant de remplir, au mieux de ses forces, la noble mission à elle confiée et par les lois de la nature et par les conventions sociales du temps où elle vit, il n'est que juste et strictement du devoir d'un homme d'honneur de la laisser en dehors des discussions publiques, de la tenir à l'abri des coups, des accusations, des attaques et des jugements souvent passionnés, qui sont le nécessaire apanage des hommes ayant consacré leur vie aussi bien que leur fortune, leur intelligence et leur honneur à la gestion de la chose publique.

Jeune fille irréprochable et sans tache, soigneusement et pieusement garantie de toutes atteintes par la vie de la famille, elle entre par le mariage dans une condition nouvelle, où la suivent l'estime et souvent la vénération publiques.

Tirée d'une existence aventureuse, réhabilitée d'une réputation équivoque, voire même scandaleuse, par un honnête homme qui, dans son âme et conscience, l'absout des calomnies dont elle a été victime ou lui pardonne les fautes qu'elle a pu commettre, qui la prend sous la responsabilité de son honneur en osant lui en confier la garde, personne n'a plus le droit de se déclarer son juge, et le mariage le couvre absolument !

Femme, épouse, mère, toute sa conduite postérieure, en tant qu'elle se produit dans la maison de l'homme qui l'a faite sienne, au sein de ce gynécée des anciens, fermé et respecté à l'égal du plus inviolable de tous les sanctuaires, toute sa conduite, disons-nous, échappe à la satire ou au contrôle de n'importe lequel de ses contemporains.

C'est assez dire que nous n'approuvons aucunement, et qu'encore moins nous voudrions imiter ces coureurs d'anecdotes, ces pamphlétaires cancaniers, ces éditeurs de mots, qui vont ramasser des armes jusque dans la famille ou le ménage de ceux de leurs ennemis politiques qu'ils veulent frapper.

Socrate fut un mari malheureux : il n'empêche que ses contemporains ne l'aient tenu pour un sage, un grand philosophe, un parfait honnête homme, jugement qui de tous points a été confirmé par une postérité qui sera bientôt vingt fois séculaire !

Molière, lui aussi, fut un époux ridiculisé par son public et ses rivaux, ce qui pourtant ne l'a pas empêché d'être un des premiers parmi les grands génies du grand siècle.

Que si maintenant de « la femme qui passe dans la vie, humble et discrète, se contentant de remplir au mieux de ses forces sa noble et sainte mission, » nous arrivons à la femme comme la voudraient certains esprits faussés, à la femme réclamant des prérogatives exceptionnelles, se jetant dans la mêlée politique où grouillent toutes les ambitions malsaines, côte à côte, il faut le reconnaître, avec les plus nobles vertus et les plus patriotiques aspirations, alors, mais alors seulement, nous ne sommes plus tenus à la même réserve, nous n'obéissons plus aux mêmes scrupules, et nous estimons qu'à cette *virago*, qui s'est elle-même déclassée, nous ne devons tout juste que le respect que ses actes et sa personne méritent ! A son égard, nous reprenons toute la liberté que nous aurions avec un homme, notre adversaire. Nous ne sommes pas obligés d'amortir nos coups. Nous frappons dans la limite de nos forces, et nous jugeons dans l'indépendance absolue de notre conscience !

Pour nous, cette femme n'est qu'un mandataire auquel nous avons le droit de réclamer nos comptes, et il serait par trop commode pour elle de se retrancher derrière cette *béotie* ; «Je ne suis qu'une faible femme!»

Allons donc ! nous scrutons son passé parce que sa conduite présente nous en ouvre les portes ; nous mettons au grand jour ses actes et leurs mobiles, parce que tout ce qui touche, intéresse la chose publique, la *res publica* des grands citoyens d'Athènes et de Rome, tombe sous le coup de notre jugement, et que notre devoir strict est de ne reculer devant aucune responsabilité. Nous lui demandons compte de ses paroles, nous avons le droit de numéroter ses liaisons, si elle en a, de contrôler sa maternité, de sonder la profondeur de sa bourse, de critiquer l'usage qu'elle fait de *sa* fortune, de soulever le voile sous lequel elle abrite ses incognitos, de mettre au jour les intrigues auxquelles elle se livre, aussi bien que celles qu'elle encourage ou traîtrement autorise,... tout cela, par cela seul qu'elle aspire à jouer un rôle dans la gestion de la chose publique.

Ceux qui briguent l'honneur de représenter un département, un arrondissement, un canton, une commune, et qui demandent aux électeurs la faveur de leur vote, appuient généralement leurs prétentions d'une profession de foi, sorte de manifeste où il ne suffit pas de déclarer qu'on a devancé la justice du peuple, mais où il faut encore faire connaître son passé et prendre des engagements pour l'avenir. De ce moment, leur personne, leur fortune dans son origine, et, jusqu'à un certain point, leurs relations, sont, en toute liberté, livrées, à la discussions et à l'appréciation publiques. Dans l'exercice de ce droit, l'opinion a toujours su faire la part de ce qui tombe sous sa juridiction et de ce qui doit être laissé au domaine de la conscience individuelle.

Qu'y aura-t-il changé dans ce contrat si le candidat est une femme ?

Rien, absolument rien !

Dans le cas qui nous occupe, et qui va faire le sujet de notre rapide esquisse, nous avons encore une autre raison péremptoire nous commandant notre tâche à l'égal du plus impérieux de tous les devoirs,

Assez volontiers, nous eussions laissé madame Napoléon dans le profond oubli auquel la condamnera l'histoire ! Mais il est de notoriété publique que devant le verdict absolu et sans appel qui a frappé l'homme, les partisans intéressés, nous ne dirons pas du régime, mais de la raison sociale Bonaparte et Cie, cherchent du moins à sauver le nom de la femme et à placer sur sa tête le peu d'espoir qui reste à leur rapacité et à leur ambition. Nous voyons partout recommencer ce travail latent de la reconstruction de la seconde légende napoléonienne ! Spéculant sur la naïve crédulité des masses, ils voudraient, ces intrigants, reconstruire un petit dieu en jupons, destiné à remplacer la redingote grise qui a fait son temps, se réservant, comme de juste, d'en être les grands prêtres et d'empocher le produit des offrandes.

Mais il ne nous faut plus d'idole, fût-elle de l'or le plus pur; nous ne voulons plus être gouverné que par la justice, l'honnêteté, la probité et le droit !

C'est pourquoi, résolu à ne pas nous émouvoir des clameurs que vont sans doute pousser les Don Quichote de l'ex-société impériale, dédaigneux des accusations salariées, nous qui ne sommes payé par personne, ferme dans ce que nous considérons comme un devoir, ne tenant pas pour juste le ridicule propos « qu'il ne faut pas s'attaquer aux femmes, » pas plus que nous tiendrons pour raisonnable celui qui s'opposerait au sacrifice d'un chien enragé, sous le prétexte que cet animal est l'ami de l'homme, nous commençons notre tâche, sinon d'un cœur léger, du moins avec une conscience tranquille.

Nous promettons de frapper fort; dans la limite de notre jugement, de frapper juste, aussi bien que de ne pas nous laisser aveugler par la colère, prenant pour règle absolue cette formule sacramentelle de la justice de tous les pays.

La vérité, rien que la vérité, mais aussi toute la vérité!

II.

SON ARRIVÉE A PARIS.

Dans les derniers jours de décembre 1852, deux femmes, pour le moment accompagnée d'un jeune homme et d'un vieux fou, firent leur entrée dans la bonne ville de Paris, encore sous le coup des massacres de décembre 1851.

Nous ne pouvons donner ici la date précise et encore moins l'heure de l'arrivée, car l'histoire, qui ne prévoyait pas le rôle important qu'une de ces femmes jouerait dans ces pages, a complètement négligé de tenir note de leurs faits et gestes.

Ces deux étrangères qui venaient ainsi à la suite d'un pèlerinage plus qu'accidenté, s'il faut en croire la chronique, chercher fortune dans la ville dont l'empire à peine proclamé devait sous peu faire la grande Babylone moderne, étaient la très-haute, très-puissante, très-répandue et très-noble dame comtesse de Montijo et sa fille Eugénie, de son chef, comtesse de Teba.

Toujours en l'absence de documents authentiques, il y a tout lieu de supposer que ces dames n'étaient pas fort riches ; mais du moins, la plus jeune, la fille, était fort belle ; avec cela, de l'audace et beaucoup d'ambition, on arrive toujours à quelque chose, comme la suite le prouva.

Ce qu'il y a de très-certain, par exemple, c'est qu'à tort ou à raison, ces dames arrivaient avec une réputation significative pour tout ce qui touche à la vertu et aux bonnes mœurs, et si le *vox populi, vox Dei*, est un adage qui de nos jours mérite encore créance, on peut sans crainte affirmer que ces deux comtesses étaient à tout prendre et pour dire la chose en termes polis, des femmes dont on avait beaucoup parlé.

Quand à l'âge des deux nouvelles débarquées, celui de la fille a seul quelqu'importance à déterminer ;..... l'autre n'étant destiné à ne jamais être que ... la mère de sa fille !

L'âge d'une femme a toujours été question délicate à résoudre, et nous n'avons pas la prétention d'avoir en main l'acte de naissance de ces dames. D'autant plus qu'Espagnoles toutes deux, elles venaient d'un pays où l'état-civil est d'une constatation plus que primitive. Dans ce joyeux pays des Espagnes, plus renommé par l'excellence de ses vins, de ses orangers, et la beauté de ses Adalouses, que par l'ordre qui n'a jamais cessé d'y régner, les registres baptismaux du *padre* font foi, et, comme avec le ciel, il est avec ce « pauvre homme » de faciles accommodements. Il y a en effet des personnes qui, poussées par un faux orgueil, peuvent vouloir cacher certaines particularités de leur généalogie, car plus d'une grande dame est assez sotte pour rougir d'avouer qu'elle est la petite-fille d'un épicier, ce qui pourtant n'est à aucun point de vue déshonorant.

D'autre part, nous avons minutieusement recherché dans la collection du *Moniteur* de l'époque, nous n'avons pu y trouver aucun document qui puisse nous renseigner à cet égard, et il faudrait avoir accès aux archives de l'empire pour connaître l'âge, sinon réel, du moins celui que se donna mademoiselle Eugénie de Montijo, comtesse de Teba, dans le contrat de mariage qui la liait à celui que dix-huit ans durant on a appelé son auguste époux. Toutefois, nous ne croyons pas nous tromper en disant qu'en 1852, mademoiselle Eugénie de Montijo, comtesse de Teba avait un peu plus de vingt-huit ans.

Vingt-huit ans! voilà, à lui seul, un chiffre qui dit bien des choses! Vingt-huit ans, belle, admirablement belle, un grand nom, sinon une grande fortune et...... encore fille!

Ces dames arrivaient à Paris avec une assez maigre traite sur la maison Rothschild. La traite était souscrite par un Anglais et portait « pour solde de tout compte, » mais on n'a jamais pu savoir au juste de quel chef elle était justifiée, quelle transaction elle liquidait, de quel marché elle était l'appoint, non plus que de quels services elle était la récompense !

Toujours est-il qu'après plusieurs visites au richissime banquier, qu'après une apparition tapageuse à une grande fête donnée par le roi de la finance dans son splendide château de Ferrières, ces dames s'installèrent fort luxueusement dans un petit hôtel des Champs-Élysées et s'entourèrent d'un luxe relativement considérable. Seulement, pour les aristocratiques connaisseurs du monde parisien, cela sentait le clinquant et surtout son parvenu d'une lieue.

On eut des laquais magnifiques, — *la mère avait un faible pour les beaux hommes,* — un coupé et une calèche de gala, le tout au mois, mais sortant de chez Binder.

En fait de relations, on n'en avait aucune à Paris, et on en était réduit à la protection un peu subalterne de M. Belmontet, qui n'était guère à cette époque qu'un poète sans talent — il n'a pas changé depuis — et un vieux partisan du Bonaparte de Strasbourg et de Boulogne, ce qui lui donnait quelqu'accès à la nouvelle cour se formant autour du criminel de décembre 1851 et du nouvel élu de décembre 1852.

Pourtant, ce fut sur cet appui incertain que ces dames basèrent leurs plans de campagne.

Grâce aux quelques amis littéraires de leur poète, ces dames nouèrent tout d'abord des relations avec des journalistes, des petits écrivains, des échotiers, de ceux qu'on devait plus tard appeler boulevardiers. Le soir entre hommes on fumait la cigarette espagnole, on jasait de l'un et de l'autre aussi bien que de *l'une* et de *l'autre*, et c'est des cancans de ce petit cénacle que partirent, pour se répandre dans les salons et dans la presse, les plus vives attaques et les traits les plus perfides contre l'entourage féminin et les liaisons avec assentiment marital que l'on prêtait alors à profusion au nouveau César !

La personne la plus maltraitée, probablement parce qu'on la considérait comme la plus redoutable, fut cette miss Howard que la caprice du maître fit comtesse de Beauregard, celle-là même que les papiers secrets découverts après la débâcle du 4 septembre viennent de nous montrer discutant avec son amant, en vrai style de procureur et d'homme d'affaires entendu, le prix de son silence et la dot des enfants qu'elle était censée avoir eus de lui.

Cette femme, aux yeux de nos dames, était considérée comme très-dangereuse, car un journal, en parlant d'elle, avait écrit :

« Un des jours de la semaine dernière, cet illustre
» personnage (Bonaparte) visitait les Tuileries avec son
» Anglaise, une ex-écaillière avec laquelle il a eu trois
» enfants.
» Dans la certitude d'être élu (empereur), il fixait déjà
» la destination que devait avoir chaque appartement.
» Il assignait celui de l'ex-reine Amélie à la belle
» Anglaise, qui, dit-on, va devenir souveraine de la
» main gauche, et le pavillon Marsan aux trois enfants
» de cette miss, qui n'est encore qu'à moitié lady ! »

On s'attaquait ainsi à la première occupante, parce qu'on voulait faire place nette....; on usait ainsi envers elle de ces armes discourtoises et déloyales; l'incrimination et la médisance; dont, par un juste retour des choses d'ici-bas, on devait avoir dans la suite si cruellement à souffrir soi-même.

Mais on avait ses vues, ses projets et ses ambitions à satisfaire!

III.

MADAME SA MÈRE.

En abordant ce sujet, nous devons tout d'abord déclarer que, fidèle aux principes énoncés dans notre mot au lecteur, nous ne touchons qu'incidemment au côté biographique de la question, car madame la comtesse de Montijo n'a jamais essayé de se créer un rôle politique, ou du moins, si elle l'a fait, ses efforts n'ont pas été perceptibles au public, et par cela même elle échappe pour ainsi dire à notre tribunal.

Nature excessivement superficielle et légère, plus portée aux intrigues et aux aventures galantes qu'aux ennuyeuses menées politiques, madame la comtesse-mère joua le rôle de conseiller dans toutes les petites manœuvres, à son point de vue légitimes, qui précédèrent le mariage de sa fille.

Jadis assez jolie femme, quoique d'une très-humble extraction, elle sut conquérir un nom à peu près honorable, bien que l'on ait eu plus d'un légitime reproche à adresser à la conduite de son mari pendant les diverses guerres d'Espagne.

Manœuvrière adroite, ayant su toujours se souvenir des moyens à l'aide desquels elle avait elle-même conquis sa position, n'ayant pas de raisons pour ne les pas juger excellents, puisqu'elle avait réussi, tous ses efforts, dans l'éducation *maternelle* qu'elle donna *ex professo* à sa fille, tendirent à rendre cette dernière habile à se trouver un mari : *matrimonio perita !*

Lors de l'arrivée de ces dames à Paris, Eugénie de Montijo ayant déjà vingt-huit ans, il était notoire que plusieurs efforts avaient été faits dans le but de lui trouver un parti, comme l'on dit, mais que, pour des causes diverses, ils étaient restés infructueux. Pour sa fille, la mère avait rêvé d'un grand d'Espagne, d'un richissime banquier, d'un lord anglais et peut-être d'autres encore. Mais, soit que d'un côté l'indifférence et la froideur eussent été par trop manifestes, soit que quelques imprudentes autant qu'humaines faiblesses fussent venues compromettre un dénouement aussi convoité que prochain, soit qu'enfin l'ambition grande de la fille n'ait pu se résoudre à un acte irrévocable qui fermait définitivement la porte à tout rêve plus grandiose,... toujours est-il que suivant la phrase célèbre d'un vaudeville :

TOUT AVAIT ÉTÉ ROMPU !

Quand Eugénie fut impératrice, le rôle de la mère se dessina dans le sens absolument privé que nous avons indiqué plus haut, et si nous anticipons ici sur la marche chronologique des événements, c'est pour nous débarrasser au plus vite d'un personnage fort peu intéressant du reste, et parce qu'il n'est pas à notre convenance de rééditer tous les commérages auxquels se livrèrent la malignité et peut-être bien la clairvoyance publiques.

Par une mesure, que du reste commandaient à la fois la prudence et le respect dûs au public, madame la comtesse-mère ne vit aucun avantage de rang ou de titre stipulé en sa faveur dans le contrat de mariage de sa fille.

Simple comtesse de Montijo elle était, et comtesse de Montijo elle resta ! Elle reçut seulement une assez forte somme d'argent à titre d'épingles ou de joyeux avènement ; de plus, sa fille en tant que personne privée, lui constitua une pension annuelle et viagère d'un demi-million. Son gendre lui donna en nue-propriété le splendide hôtel des Champs-Élysées qui a été connu de tout Paris sous le nom d'hôtel de Montijo, et dont la grande pelouse de façade avait fort grand air.

L'économie n'avait jamais été la vertu favorite de madame de Montijo, la source où elle puisait lui semblait en outre intarissable : elle en usa tout d'abord avec la plus entière prodigalité. Ses grands équipages, ses valets de pied légendaires, ses lentes promenades en remontant l'avenue des Champs-Élysées, l'espèce de revue que, nonchalante et faisant montre de restes assez beaux et surtout fort puissants, elle passait de tout ce que Paris comptait de beaux hommes, lui acquirent bientôt une de ces réputations parisiennes, qui, suivant le point de vue d'où on les regarde, prêtent aussi bien à l'éloge qu'au blâme. Des nuages ne tardèrent pas à éclater entre le gendre et la belle-mère. La fille ne s'interposa jamais entre ces deux inimitiés.

La comtesse de Montijo fit des voyages intermittents. Puis, des fantaisies par trop royales ayant été satisfaites, des caprices par trop libres et régence ayant été assouvis, en quelque sorte *coram populo*, la rupture définitive éclata vers 1856, et un décret de famille, qui ne fut pas promulgué au *Moniteur*, comme bien l'on pense, interdit à tout jamais le séjour permanent en France à la trop ardente quoique déjà mûre comtesse.

Son hôtel des Champs-Élysées fut vendu, puis livré à la pioche des démolisseurs, et la mère de la souveraine des Français alla mener en Espagne.... ou ailleurs un genre de vie dont le public ne s'occupa plus.

Monsieur Napoléon, par cet acte, se donna le mérite apparent de donner satisfaction à cette opinion publique à laquelle il reconnaissait déjà qu'appartient la dernière victoire, et qui commençait à gronder contre lui; mais, en réalité, il vengeait une vieille rancune, car il est de notoriété publique qu'il n'avait jamais pardonner à madame la comtesse de Montijo d'avoir réussi à devenir......sa belle-mère!

La nation avait toujours eu le bon esprit de ne pas prendre au sérieux les querelles intestines de ces gens-là..... elle en riait.... pour ne pas être obligée d'en rougir!!!

IV.

SA PARENTÉ.

Tout le monde connaît le distique latin qui a donné lieu au proverbe : « Qu'on a beaucoup d'amis quand on est dans la prospérité, mais qu'on reste seul quand arrive l'adversité !! »

Eh bien, il en est à peu près de même de la parenté.

Mademoiselle Eugénie de Montijo, n'étant que simple comtesse de Teba, avait évidemment autant de cousins que quand elle fut impératrice ; seulement, elle n'avait eu guère occasion de les connaître. Quand elle se fut assise, en la glorieuse compagnie que l'on sait, sur le premier trône du monde, ce fut comme une éclosion instantanée, et sa famille, sa parenté, se développèrent avec une fécondité vertigineuse.

Il n'y eut pas dans toutes les Espagnes une seule famille en possession de la grandesse, qui ne fouilla incontinent ses archives généalogiques pour démontrer, preuves en main, qu'elle tenait par les femmes, cette raison si élastique et si commode, à la glorieuse maison des Montijo.

Il n'y eut pas jusqu'à la problématique descendance du Cid, ce héros plus que certainement imaginaire, que le grand génie de Corneille avait évoqué du néant en lui prêtant toutes les vertus et tous les courages dont le peuple espagnol a été anciennement crédité, et en en faisant l'incarnation d'une époque .... tout comme pour la plupart, les héros d'Homère et les merveilles de l'Iliade ne sont que l'unification et la personnification d'une infinité de légendes que le vieil aveugle ambulant avait recueillies dans ses nombreuses pérégrinations, il n'y eut donc pas, disons-nous, jusqu'à la problématique descendance du Cid qui ne tint à honneur, toujours par les femmes bien entendu, d'avoir fourni quelques-unes des gouttes du noble sang qui circulait dans les veines de la nouvelle impératrice.

Et chacun se souvient des redondandes périodes, des ridicules flagorneries que ce fameux « sang du Cid » fournit aux écrivaillons qui n'avaient d'autre talent qu'une rare science de platitude.

Oh! misère de nous!

Comme il n'entre pas ici dans notre but de contrôler tous ces vieux parchemins et d'élucider la question de savoir si jamais une Montijo avait épousé un Medina-Cœli, par exemple, ou une Medina-Cœli un Montijo, nous laisserons tous ces riens de côté, et nous nous bornerons à mentionner la seule famille directe incontestable et incontestée dont le monde ait tenu quelque notice.

Le père était mort; la mère, nous en avons parlé; il ne reste donc plus que la sœur, et par extension...... le beau-frère.

La sœur de celle qui fut madame Napoléon était de quelques mois son aînée.

C'était une nature douce, bonne, un peu apathique, n'ayant ni l'énergie des grandes vertus ni la force des vices. Une de ces femmes capables sans doute de quelques faiblesses, mais en somme destinées à être de bonnes épouses et d'excellentes mères de famille. Très-aimante, elle adorait sa sœur Eugénie, et, quoique son aînée, lui reconnaissait tacitement une sorte de supériorité sur elle et se laissait assez facilement influencer par l'énergie de volonté et la propension très-déclarée de sa cadette à la tyrannie.

Quand le duc d'Albe fut reçu dans la famille dans le but honorable et avoué de faire sa cour à l'aînée des demoiselles de Montijo, Eugénie devint la confidente de sa sœur. Mais la présence du duc dans une maison où il y avait deux filles, de tous points physiquement charmantes, n'était pas sans quelque danger.

Quand le mariage fut célébré, quand mademoiselles de Montijo fut devenue la duchesse d'Albe, le premier chagrin qu'éprouva la jeune femme lui vint de sa sœur, dont elle fut jalouse par suite de nous ne savons quelle découverte qu'elle avait cru avoir faite.

Très-probablement la duchesse d'Albe se trompait.... mais on ne raisonne pas ces sentiments-là. Toujours est-il qu'elle souffrit en silence et en vint sans doute à reconnaître son erreur.

Plus tard, ce fut Eugénie qui devint jalouse de sa sœur, sans que bien certainement cette dernière y ait donné lieu; mais la nature violente et despotique d'Eugénie ne sut pas arrêter l'expression de ses sentiments, et l'on croit assez généralement que ce fut de ce chagrin-là que, jeune encore, mourut la pauvre duchesse d'Albe.

Eugénie en eut un chagrin mortel, il faut le dire; elle se chargea de ses nièces. Quant aux neveux, enfants d'une intelligence plus que somnolente, ils furent laissés à la garde du père.

Le lecteur comprendra qu'il ne nous appartient pas de nous entretenir plus longtemps de ce sujet, qui en somme n'a, ni pour lui ni pour nous, la moindre importance.

V.

SA PREMIÈRE ENTREVUE AVEC MONSIEUR NAPOLÉON.

A cause de sa parenté, fort éloignée du reste et assez incertaine, avec la bataille d'Austerlitz, monsieur Napoléon s'habillait en général. Ce fut donc sous ce costume que mademoiselle Eugénie de Montijo aperçut pour la première fois son futur époux.

C'était à l'Opéra, où l'on jouait *Guillaume*, par ordre.

Madame la comtesse-mère, par une circonstance qu'on a tout lieu de croire n'être pas due au hasard seul, avait retenu la loge juste en face de celle occupée par le souverain de la France et son très-mélangé cortége.

Il était là, ce Louis Bonaparte, qui, au prix d'un serment violé, d'un coffre-fort enfoncé et pillé et d'un peuple assassiné, avait escroqué le trône de France.

On avait souvent dit à Eugénie : Oh! il n'est pas beau, allez, — et en voyant cet homme de moyenne taille, froid, pâle, lent, qui a l'air de ne pas être tout à fait éveillé, cette moustache épaisse et couvrant le sourire, comme dans les vieux portraits du duc d'Albe (l'assassin des Flandres), cet œil éteint comme celui de Charles IX, ces longues oreilles plates, ce nez immense, cette physionomie blafarde, sans cachet, sans grandeur, sans expression, ce visage sans attraits, qui, par une bizarrerie étrange, pour ne rien dire de plus, n'offre pas la moindre ressemblance et ne porte aucun des traits caractéristiques et de famille des Bonaparte, traits essentiellement reproductibles à travers plusieurs générations, on en a la preuve, Mlle Eugénie de Montijo put se convaincre qu'on ne lui avait pas menti et que réellement le nouveau César n'était pas un Adonis.

Mais à cela elle avait réponse, car un jeune homme qui l'accompagnait lui ayant dit en riant : Eh bien, n'est-ce pas qu'il est laid, notre maître? — elle riposta sèchement :

— Monsieur, un empereur est toujours beau !

Ces dames étaient arrivées, comme de juste, au beau milieu du second acte seulement, et leur venue avait fait sensation.

Il entrait dans les calculs de la mère de ne faire leur première apparition à l'Opéra qu'accompagnées d'un Mentor à peu près respectable.

Deux femmes seules font toujours assez mauvais effet, et ces dames étaient chaperonnées par monsieur Belmontet.

Nous ne nous arrêterons pas à décrire la toilette de mademoiselle de Montijo, nous nous contenterons de déclarer qu'elle était admirablement belle, que sa présence fît une énorme sensation, et que dans toute la salle, y compris la loge impériale, il n'y avait certainement pas une des femmes qui pût lui disputer le sceptre de la grâce et de la beauté.

Sa Majesté Napoléon, troisième de nom, ne tarda pas à remarquer la nouvelle étoile. Dès ce moment, l'auguste Céear ressentit l'effet de ce que les experts en l'art d'aimer ont appelé le « coup de foudre ! »

Il aimait !

Le filet, qui avait été assez bien tendu du reste, enlaçait le poisson..... et comme conséquence, le brillant colonel Fleury, qui avait la réputation d'être le *Lebel* du maître, fut immédiatement mis en campagne.

C'est ici surtout que la haute comédie commence? On en a ri beaucoup dans le temps.

VI.

SES INTRIGUES.

Il n'y avait pas encore longtemps que le saltimbanque à l'aigle de Boulogne avait escaladé les Tuileries, et pourtant ce César ennuyé avait plusieurs fois essayé de faire asseoir quelqu'un à côté de lui sur le trône de Charlemagne.

Il était de notoriété publique que Bonaparte avait demandé officiellement la main d'une princesse de la famille des Wasa; les choses avaient même été si loin, que le nouvel empereur portait à son cou l'image de la future impératrice et que le de Morny avait déjà ses lettres de créance pour aller épouser par procuration, suivant l'usage, la princesse du Nord.

Mais malgré cela, un refus brutal vint tout rompre. Napoléon attribuait cet échec à l'influence de l'empereur François-Joseph, et ceux qui connaissent la nature rancunière de l'ex-souverain n'hésitent pas à croire que cette colère longtemps couvée fut une des causes de la guerre d'Italie.

On avait éprouvé un semblable refus d'une princesse de Saxe-Meiningen.

La duchesse-veuve de Leutchtenberg avait envoyé une rebuffade encore plus méprisante.

Le chef de la très-humble principauté de Hohenzollern-Sigmaringen, dont le budget s'élève à 600,000 francs et dont le contingent féderal était de 356 hommes, avait également refusé une de ses filles, sur l'ordre formel du roi de Prusse.

Et même parmi les familles honnêtes et plus modestes de France, aucune n'avait voulu donner une de ses filles au sacripant couronné.

Aux Tuileries, dans l'entourage, dans le cénacle des parents et des complices, on se montrait fort irrité, préparé à un véritable coup de tête.

Madame de Montijo et sa fille, qui s'étaient minutieusement fait rendre compte de l'état exact de la situation, bâtirent leur plan de campagne en conséquence.

Il était incontestable que mademoiselle Eugènie

avait fait une réelle et profonde impression sur Napoléon, car dès le lendemain, le colonel Fleury avait rendu visite à ces dames.

Le but de cette mission était facile à deviner; mais, grâce à la mère, qui avait entrevu un plus beau et plus complet triomphe, il échoua.

Deux jours après, le général Magnan apporta à ces dames une invitation pour les chasses de Compiègne.

La préoccupation amoureuse du maître était si visible, et la cause en était si connue, que les ambitieux de la cour commencèrent à prendre position.

Fleury fut le chef des opposants, et traitant cette amourette un peu par-dessous la jambe, il conseillait à son maître d'imiter César, de venir, de voir et de vaincre.

Morny, qui avait du nez et qui en fait de femmes se connaissait en rouerles et en intrigues, et pour cause, quand il vit la tournure que prenaient les choses, se rangea carrément du côté de la belle Montijo.

Comme à l'Opéra, Eugénie fit sensation à Compiègne; ce fut là que pour la première fois elle entendit la voix à accent tudesque de celui qui devait finir à Sedan.

. . . .

Durant toute la chasse, Napoléon se fit l'écuyer de la belle Espagnole; ils se perdirent ensemble dans les fourrés... il y eut des incidents, y compris une certaine chute de cheval qui fut très... spirituelle et eut d'heureuses conséquences.

Sur le conseil de sa mère, la fille avait imité

madame de Maintenon, qui, avant le mariage, renvoyait son amant toujours affligé, jamais désespéré.

Quand les dames de Montijo quittèrent Compiègne, de Morny dit : Elle sera impératrice, — et ce roué, qui avait le talent de se mettre du côté du manche, commença immédiatement à se faire le recruteur de la nouvelle étoile. Son parti grossit avec une rapidité effrayante ! Par une aberration inouïe du sens moral, on vit la magistrature, l'armée, le clergé, se faire du jour au lendemain les serviteurs et les prôneurs de ce qu'ils avaient méprisé la veille.

Seul, le peuple de Paris, avec ce bon sens inaliénable, cette impitoyable raillerie qui l'a toujours rendu si redoutable à ses gouvernants, ne voulut jamais prendre la chose au sérieux et se mit à chansonner les prétentions outrecuidantes de celle qu'il appela Lola Montès II.

Ce quatrain fut une de ses vengeances :

> Montijo plus belle que sage
> De l'empereur comble les vœux ;
> Ce soir, s'il trouve un pucelage,
> C'est que la belle en avait deux !

Étrange coïncidence ! l'un des témoins d'Eugénie fut justement un monsieur B..., qui avait amené à Paris Lola-Montès, y avait vécu maritalement avec elle et l'avait conduite en Bavière pour la marier au vieux roi Louis.

VII.

SON MARIAGE.

Le 21 janvier 1853, le conseil de l'empire fut convoqué sur l'ordre du maître. Sans discussion préalable, sans demander l'avis de personne, l'empereur déclara catégoriquement à ses mandarins ahuris et stupéfaits :

« Qu'après avoir fait le bonheur de tout le monde, il voulait faire le sien, et que conséquemment, il prenait pour femme Eugénie de Montijo. »

Le lendemain, le Sénat et le Corps législatif étaient convoqués et recevaient communication de l'incomparable message suivant :

« Messieurs les sénateurs,
» Messieurs les députés,

» Je me rends aux vœux si souvent manifestés par le pays, en venant vous annoncer mon mariage.

» L'union que je contracte n'est pas d'accord avec les traditions de l'ancienne politique, c'est là son avantage.

» La France, par ses révolutions successives, s'est toujours brusquement séparée du reste de l'Europe ; tout gouvernement sensé doit chercher à la faire rentrer dans le giron des vieilles monarchies ; mais ce résultat sera bien plus sûrement atteint par une politique droite et franche, par la loyauté des transactions, que par des alliances royales qui créent de fausses sécurités et substituent souvent l'intérêt de famille à l'intérêt national.

» D'ailleurs, les exemples du passé ont laissé dans l'esprit du peuple des croyances superstitieuses ; il n'a pas oublié que, depuis soixante-dix ans, les princesses étrangères n'ont monté les degrés du trône que pour voir leur race dispersée et proscrite par la guerre et la révolution. Une seule femme a semblé porter bonheur et vivre plus que les autres dans le souvenir du peuple, et cette femme, épouse modeste et bonne du général Bonaparte, n'était pas issue d'un sang royal.

. . . .

. . . .

» Quand en face de la vieille Europe, on est porté par la force d'un nouveau principe à la hauteur des anciennes dynasties, ce n'est pas en vieillissant son blason et en cherchant à s'introduire à tout prix dans la famille des rois qu'on se fait accepter.

» C'est bien plutôt en se souvenant de son origine, en conservant son caractère propre et en prenant franchement vis-à-vis de l'Europe la position de *parvenu*, titre glorieux lorsqu'on parvient par le libre suffrage d'un grand peuple.

» Celle qui est devenue l'objet de ma préférence est d'une naissance élevée. Française par le cœur, elle a, comme Espagnole, l'avantage de ne pas avoir en France de famille à laquelle il faille donner honneurs et dignités.... Catholique et pieuse, elle adressera au ciel les mêmes prières que moi pour le bonheur de la France ; gracieuse et bonne, elle fera revivre dans la même position *les vertus* de l'impératrice Joséphine.

» Je viens donc, messieurs, dire à la France : J'ai préféré une femme que j'aime et que je respecte à une femme inconnue dont l'alliance eût eu des avantages mêlés de sacrifices. Sans témoigner de dédain pour personne, je cède à mon penchant, mais après avoir consulté ma raison et mes convictions. Enfin, en plaçant l'indépendance, les qualités du cœur, le bonheur de famille, au-dessus des préjugés dynastiques et des calculs de l'ambition, je ne serai pas moins fort, puisque je serai plus libre.

« Bientôt, en me rendant à Notre-Dame, je présenterai l'impératrice au peuple et à l'armée; la confiance qu'ils ont en moi assure leurs sympathies à celle que j'ai choisie, et vous, messieurs, en apprenant à la connaître, vous serez convaincus que, cette fois encore, j'ai été inspiré par la Providence! »

Est-ce assez complet, est-ce assez idiot, est-ce assez impudent, cela? Nous n'avons pu résister au désir de placer cette prose impériale sous les yeux de nos lecteurs, estimant qu'elle est la justification de tous les commentaires passés, présents et futurs.

Le 30 janvier 1853, l'empereur se rendit à la métropole, dans la voiture qui avait servi au sacre de Napoléon Ier.

Sa femme l'accompagnait. Le digne couple reçut la bénédiction nuptiale des mains de Mgr Sibour, archevêque de Paris.

L'Église, à laquelle il n'appartient pas de sonder

les cœurs, ne pouvait refuser son ministère, mais nous espérons pour eux que, dans leur âme et conscience, les prêtres ont dû rougir de la honteuse palinodie qu'on leur a imposée autant qu'ils l'ont déplorée.

Eh bien, madame, vous voilà impératrice ! vous voilà femme légitime, introduite dans ce repaire encore fangeux et humide des orgies de la veille.

Que vous nettoyiez ou non ces écuries d'Augias, de ce jour, votre vie et votre conduite ont un peuple pour témoin. Élévation inouïe, votre mariage a froissé toutes les notions de convenance d'un pays chevaleresque à l'excès et a humilié les susceptibilités d'une nation qui se croyait plus de droit au respect de ses gouvernants. Vous remplissez une place écrasante par la série des noms qui s'y sont succédés, et fussiez-vous désormais une sainte, vous ne seriez que tout juste et à peine à la hauteur des devoirs que vous allez avoir à remplir.

Votre mari a fait le coup d'état du crime et de la violence contre le droit et la justice, vous venez d'accomplir, vous, le coup d'état de la *fille* contre la famille et les convenances sociales ! Votre avènement au mariage, madame, a été le 2 décembre des déclassées.

Eh bien, soit !

Mais, du moins, n'oubliez pas que le serment que cet homme vient de vous donner n'est pas le premier qu'il ait prêté aussi solennellement, et si, comme la suite l'a prouvé, il ne le tient pas, vous vous en pourrez consoler à votre manière..... mais, en tous cas, vous vous pourrez dire : J'étais prévenue.....; car sous vos yeux, ce menteur avait déjà trompé et trahi une autre femme qui vous valait bien : la France !

VIII.

DÉTAILS SUR SA GROSSESSE.

Dans un temps assez rapproché du 30 janvier 1853, pour autoriser quelques suppositions, le *Moniteur* annonça qu'un accident était arrivé à Sa Majesté l'impératrice.....

C'était juste le lendemain d'un soir où un violent mal de tête avait empêché madame Napoléon d'accompagner son mari à l'Opéra, d'où ce dernier était parti un peu après dix heures pour s'informer de la santé de sa femme...., mais, pour une raison ou pour une autre, la porte était défendue, et ce ne fut qu'assez avant dans la nuit que Sa Majesté put être rassurée complétement sur ses angoisses d'époux.

Le 11 octobre 1855, le *Moniteur* annonça à la France la seconde grossesse de l'impératrice.

Cet heureux événement fut, comme de juste, considéré par la feuille officielle comme une nouvelle garantie de la solidité de nos institutions et était censé remplir de joie le pays.

Sauf dans l'entourage, on ne s'en aperçut guère.... il est vrai que le pays avait peut-être la joie taciturne.

Depuis deux ans et demi que mademoiselle Eugénie de Montijo était devenue la souveraine de la France, il faut dire que, sauf sur l'article modes et toilettes, son influence ne s'était pas fait sentir du tout.

Cependant, les proscriptions de décembre avaient continué ; comme les malheureux qui saisissent la moindre occasion favorable, croyant y trouver une espérance, beaucoup de femmes, de parents, de filles des transportés à Cayenne et à Lambessa avaient cru devoir sacrifier la dignité républcaine de leur mari, leurs parents ou de leur père, et pensant que la femme est miséricordieuse, avaient adressé à madame Napoléon des recours en grâce.

Il n'a guère paru que la nouvelle épouse ait tenu grand compte de ces larmes, non plus que de ces supplications, car aucune grâce ni aucune justice ne sortirent de ces efforts.

Son maître lui avait-il fait entendre que la puissance de ses charmes n'allait pas au delà d'une certaine limite très-restreinte, ou bien madame attacha-t-elle plus d'importance à la coupe d'une robe ou à la tournure d'une coiffure qu'à ces cris de désespoir qui lui arrivaient de femmes comme elle, mais de femmes de cœur et du peuple, avec lesquelles, elle, la patricienne, ne pouvait avoir rien de commun : c'est là une alternative dans laquelle nous laissons le choix à faire à la conscience de nos lecteurs, mais toujours est-il que d'aucune façon le peuple n'avait ressenti dans cette voix de la clémence l'influence de la femme, que personne n'avait eu connaissance d'aucun effort de sa part en ce sens, et que la France n'était pas encore remplie d'admiration pour celle qui devait rappeler sur le trône les vertus de l'impératrice Joséphine. Le manifeste du 22 janvier, que nous avons mis sous les yeux des lecteurs, n'avait sans doute pas osé dire « les vertus de la reine Hortense. »

L'impératrice allait devenir mère; une influence nouvelle allait renforcer celle qu'elle n'avait pas encore; un enfant allait rompre le monotone tête-à-tête impérial.

Dans cette période d'attente de cinq mois, toutes les anciennes conjectures des naissances royales furent renouvelées. On se demanda : Sera-ce un garçon ou une fille?.... Ceux qui connaissaient les nécessités de la situation n'hésitèrent jamais à dire : Ce sera un garçon.

Et il n'y eut vraiment que les badauds qui, le 16 mars 1856, attendirent avec curiosité le vingt-deuxième coup de canon.

Les Bonaparte, qui ont une étoile, ont toujours eu des fils quand cela était absolument nécessaire.

IX.

MONSIEUR SON FILS.

Quand l'héritier était venu au monde, monsieur son père, sous ses épaisses moustaches et avec cet accent tudesque qui ne faisait pas précisément le charme de sa conversation, avait prononcé ces paroles amphigouriques et creuses :

« Lorsqu'il naît un héritier destiné à perpétuer un système national, cet enfant n'est pas seulement le rejeton d'une famille, mais il est véritablement encore le fils du pays tout entier, et ce nom lui indique son devoir ! »

Vous n'avez pas entendu votre auguste père prononcer ces paroles, jeune homme, aussi j'espère bien qu'il n'est jamais entré dans votre cervelle que vous étiez le fils de France et que ce beau pays faisait partie de vos domaines !

Dans tous les cas, vous êtes à présent complètement désabusé, n'est-ce pas?

Nous n'avons pas la prétention d'écrire pour l'instruction personnelle du fils de monsieur et madame Napoléon. Nous espérons bien même que notre prose ne tombera jamais sous ses yeux, mais comme en tout nous ne considérons que ce qui est la justice et respectons toujours ce que l'on a coutume d'appeler les convenances, il n'entre pas dans notre but de rien écrire ici qui puisse l'autoriser soit à mépriser, soit à accuser les auteurs de ses jours. Nous tenons pour strictement obligatoire et pour une vertu éminemment républicaine le respect filial. Les courtisans feront assez vite l'autre besogne.

Dès l'âge où la volonté et les instincts commençaient à percer jusque dans des choses tout à fait insignifiantes, celui qu'on appelait *altesse* ne donnait pas de brillantes espérances.

Il avait à peine une huitaine d'années, que monsieur

son père le mettait officiellement en pénitence pour avoir osé frapper sa mère. Madame Napoléon, dès le premier moment, s'était étudiée à avoir une influence prépondérante sur l'esprit de son fils. Nous ne prétendons pas dire que l'amour maternel n'avait aucune part dans cette conduite : Dieu nous en garde, d'autant que nous ne considérons pas comme un mérite spécial le simple accomplissement d'un devoir.

Mais, par la suite, la mère tira de tels avantages de son amour maternel et de l'autorité sans contrôle qu'il lui donnait sur monsieur l'héritier présomptif, que nous avons le droit d'affirmer qu'entre ses mains, cet enfant fut aussi un moyen et une arme.

Pour tout ce qui touche aux grands intérêts politiques de la France, dès les premiers jours de son mariage, madame Napoléon n'y fut pas complètement étrangère. Elle avait bien sa petite part d'intrigues dans les changements de personnes et dans les remaniements des ministères ; il n'était pas tout à fait indifférent de plaire à madame pour obtenir tel ou tel poste convoité, surtout pour la munificence du traitement y attaché. Mais jusqu'en 1867 et presqu'en somme jusqu'en 1869, le système restant le même, il était fort indifférent au pays que messieurs tels ou tels fussent ministres ; pour lui, ce n'était jamais que le choix dans la manière dont il serait spolié.

A partir de 1861, madame Napoléon fut désormais une puissance dans l'État. Sa première régence de 1859 lui avait dessiné un rôle, et la mort, plus ou moins ouvertement escomptée de monsieur son mari, lui avait créé un parti. Or, le principal levier à l'aide duquel elle avait édifié cette ingérence politique était justement la personne de monsieur son fils. Si le maître avait avec elle un de ces accès de rage froide et de tyrannie violente auxquels il était sujet, vite madame se retirait sur le mont Aventin de ses petits appartements et emmenait son fils avec elle. Cet argument féminin finit à la longue par bien avoir son influence et sa valeur, *et les maris qui ont le malheur d'avoir des femmes acariâtres reconnaîtront la vérité de cette observation.* Le tyran commençait à devenir vieux, et au milieu des orgies dont il ne se faisait pas faute, il avait perdu le peu d'énergie dont l'avait doué la nature.

Jusqu'à la veille de la déclaration de guerre de 1870, l'éducation donnée au jeune homme aussi bien qu'à l'enfant fut des plus déplorables. On ne l'élevait pas pour la France, on lui persuadait que la France était faite pour lui. Au lieu de lui faire voir et comprendre qu'il n'était qu'un individu comme les autres, on lui bourrait l'esprit de compliments, de flatteries, de platitudes, qui ne pouvaient qu'augmenter chez lui la malheureuse propension qu'on y avait remarquée d'un orgueil excessif et d'une fatuité écœurante. Ses augustes parents n'avaient pas eu seulement la vulgaire habileté du roi citoyen Louis-Philippe, qui avait envoyé ses fils dans les écoles publiques. Il est vrai que ce roi avait été dans la grande, belle et pure acception du mot un vrai père de famille, et que sa femme honnête était respectée au point de n'avoir jamais été atteinte par la calomnie.

Monsieur et madame Napoléon, eux, n'avaient qu'un fils, fruit de leur vieillesse, pour ainsi dire. Le père avait prématurément dépensé ses forces et semé le monde de pas mal de bâtards ; la nature n'avait pas sans doute donné à la mère les qualités nécessaires à une nombreuse postérité.

A la déclaration de guerre, ce fut la volonté maternelle qui prévalut, quoiqu'elle eût contre elle le bon sens, la raison et, nous dirons plus, l'humanité.

Quoi ! c'était un enfant qui n'avait pas encore quinze ans, que cette volonté de femme, cette ambition de parvenue, cet amour maternel, envoyait parfaire son éducation sur le champ de bataille.

Le destin plus sage en décida autrement, par les événements que l'on sait, et l'enfant ne devait plus revoir Paris. Éternisez bien vos souvenirs, jeune homme ! Gravez profondément dans votre esprit, conservez précieusement dans le fond de votre âme l'aspect de cette ville sublime et la grande voix de ce Paris que vous ne devez plus revoir. Réalisation d'un calcul dont la France ne lui doit aucun gré, votre père l'a embelli outre mesure, mais il a lui-même suscité l'ennemi sauvage et barbare qui est en train de le détruire.

Nous nous abstenons ici de vous redire toutes les fautes de cet homme, car ce n'est pas à vous de le juger. Mais si vous avez au cœur un bon sentiment, si, né sur ce glorieux sol de France, vous avez l'intention de rester bon Français, vous devez dès aujourd'hui, quelque jeune que vous soyez, imposer silence à ceux qui vous y prédisent un retour au prix d'un crime inouï, la guerre civile, et d'un autre forfait non moins horrible, le déshonneur du pays!

Tout en vous abstenant de juger votre père, vous devez vous dire que ses fautes vous ont imposé une éternelle expiation. Qu'après avoir tué ce qui restait de gloire à son oncle, il impose à son fils un éternel exil, et que celui-ci doit s'y soumettre en priant dans le fond de son âme pour le salut républicain de la France.

Du reste, la prévoyance de votre mère vous rendra facile le côté matériel de votre tâche : elle vous a fait riche.

X.

DEUX MOTS SUR LA GUERRE DE CRIMÉE ET L'ALLIANCE ANGLAISE.

Il arrive quelquefois à un fou d'avoir des instants lucides, moins souvent à un fripon de se montrer honnête, mais enfin, cela s'est vu!

Eh bien, la seule idée juste que l'histoire reconnaîtra dans le règne de Napoléon, est l'alliance étroite de la France et de l'Angleterre.

Unies, ces deux puissances sont maîtresses du monde.

Politiquement, l'Europe est aujourd'hui divisée entre deux races, celle du nord et celle du midi, la race latine et la race germanique. Il en est une troisième ayant des affinités nombreuses avec les deux autres, et qui fatalement est destinée à faire pencher le plateau du côté où se mettra son alliance.

La France, on l'a dit, est la seule nation du monde capable de faire la guerre pour une idée, c'est-à-dire pour la justice elle-même, et sans un objectif immédiat de profits personnels. D'autre part, l'Angleterre est, de son côté, le seul pays de l'Europe dont la nature ait assez nettement défini les contours, pour lui interdire en quelque sorte tout projet d'agrandissement et de conquête.

De ces deux positions spéciales et en quelque sorte créées l'une pour l'autre, ressort logiquement l'alliance indissoluble des deux pays qui, seuls, peuvent efficacement assurer et maintenir la police de l'Europe et du monde.

Mais encore faut-il que l'alliance anglo-française ne soit pas un marché de dupe tout à l'avantage de l'une des deux parties : mais telle que l'a pratiquée Napoléon, cette entente ne pouvait produire et n'a pas produit tout les résultats qu'on était en droit d'en attendre.

Depuis vingt ans, cette alliance a contenu bien des ambitions et empêché bien des guerres ; mais encore faut-il que les hommes d'état français connaissent assez l'Angleterre pour ne point l'aliéner par des maladresses gratuites et non profitables. Le caractère anglais a, lui aussi, ses peti ravers qu'il faut savoir flatter, car peuples et hommes ne sont bien menés que par leurs défauts.

Pays positif, l'Angleterre, nous le voyons bien aujourd'hui, prise la force et courtise le succès ; c'est ce qui lui a fait dans le temps acclamer Napoléon qu'elle n'a jamais autrement estimé. Se croyant les plus intelligents du monde, les Anglais vous en estimeront davantage, si vous parvenez loyalement à les tromper ; mais encore faut-il que vous teniez scrupuleusement vos promesses et que vous ne leur fassiez jamais jouer le rôle de Râton.

Eh bien, si depuis le commencement de la guerre actuelle, les Anglais ne nous ont jamais été sympathiques, si, depuis nos revers, l'Angleterre n'a pas prononcé en faveur de son ex-alliée son *quos ego*, c'est qu'elle a encore sur le cœur la paix de Paris du 27 avril 1856, paix qui lui a été imposée par son allié d'alors Napoléon, dont aujourd'hui la France paye et endosse les fautes !

Après la prise de Sébastopol, l'Angleterre ne faisait que commencer la guerre. Elle voulait poursuivre l'abaissement du czar, ne signer la paix qu'à Saint-Pétersbourg, imposer des frais de guerre qui, financièrement, eussent paralysé la Russie pour un demi-siècle au moins et empêché pendant toute cette période la réouverture de la question d'Orient justement posée en ce moment.

La ridicule sentimentalité du gouvernement français de l'époque, l'orgueil stupide de monsieur Napoléon, qui se laissa leurrer par une lettre autographe et de félicitations sur la naissance de monsieur son fils, que lui écrivit l'empereur Alexandre, en décidèrent autrement ; l'Angleterre dut ronger son frein ; elle exprima hautement que cette guerre serait à recommencer dans vingt ans ! Six ans avant cette époque, les événements viennent de donner raison à la prophétie des plénipotentiaires anglais.

Seulement, on ne recommencera pas la guerre, et cette question, si jamais elle est résolue, le sera en dehors ou contre la France.

Au milieu des circonstances pénibles et éminemment critiques sous lesquelles la France se débat, et malgré tous les avis contraires, nous persistons à croire qu'il n'y a encore de possible et de juste que l'alliance anglaise. Aucune autre ne pourrait être obtenue par nous qu'à un prix trop haut ou même déshonorant.

L'aristocratie anglaise qui compose le gouvernement et le dirige, le haut commerce qui le soudoie et jusqu'à un certain point le conduit, ont à cette heure irrévocablement engagé l'Angleterre dans une politique d'abstention absolue. De ces lords et de ces marchands, la France n'a donc plus rien à attendre ; avec eux, par contre, elle n'a plus rien à ménager. Incapables, ils n'ont pas compris que l'intérêt de leurs pays était avec nous ; vénaux, ils ont vendu à la Prusse la plupart de leurs journaux, et s'ils en ont reçu un bon prix, ils peuvent au moins se vanter d'avoir consciencieusement rempli leur part du honteux contrat.

Reste le peuple! et c'est avec lui, mais avec lui seul, que la France doit conclure cette alliance indissoluble, cette alliance des heures suprêmes, qui seule peut sauver le monde de la domination des barbares.

Les Anglais ont besoin, et ils le sentent, d'accomplir leur révolution sociale. Quelques milliers possèdent tout le sol, pendant que des millions s'étiolent de misère et subissent littéralement les tortures du froid et de la faim. Nous leur devons la propagande de nos immortels principes de 1789, l'aide morale et au besoin matérielle qui est nécessaire pour mener à fin leur juste entreprise. Ils supposent, parce que leurs exploiteurs les entretiennent dans ces idées fausses, que les principes et les institutions républicaines sont synonymes de désordre, d'anarchie et de pillage; démontrons leur, en marchant, comme déjà l'ont fait leurs frères de la grande république américaine, que là seulement sont le droit, la justice, la prospérité et le salut.

Sous des dehors constitutionnels, l'Angleterre a depuis longtemps la prétention de prouver au monde que son gouvernement royal est la meilleure des républiques, et pourtant, les événements viennent de démontrer que les sympathies capricieuses ou de famille d'une vieille femme peuvent victorieusement résister aux aspirations vraies de tout un peuple.

L'Irlande s'agite, les classes laborieuses frémissent sous le joug de fer qui les exploite et les opprime; allons! pas de fausse honte, tendons la main à toutes ces aspirations, et disons-nous bien que c'est en démocratisant l'Angleterre qu'on peut rendre possible l'établissement en Europe de la justice, du droit et de l'égalité.

XI.

PREMIÈRE RÉGENCE.

MOTIFS DU VOYAGE EN ÉCOSSE.

En vertu des décisions qui avaient été dictées par le maître au Conseil privé, et qui étaient le résultat des efforts heureux de madame Napoléon, quand ce dernier partit en guerre contre l'Autriche et alla prendre le commandement de l'armée d'Italie, Eugénie fut proclamée régente le 10 mars 1859.

Nous l'avons vue à l'œuvre. Dans les mots : beaucoup de libéralisme, de bonté d'âme, une infatigable préoccupation des besoins des pauvres, quelques grâces habiles, quelques mesures politiques avec un semblant de justice, mais surtout une pluie continuelle de promesses ! Dans les actes : la continuation rigoureuse du système du mari, une réaction très-prononcée contre tout ce qui pouvait porter quelque ombrage chez les hommes et dans les aspirations nouvelles, la haute main ouvertement rendue à la bigoterie et au jésuitisme, la trace indéniable du favoritisme encore envenimé par les inégalités, l'incohérence et le caprice de la femme, voilà à peu près ce que fut madame Napoléon à l'œuvre.

Elle présidait des conseils de ministres, d'assez tristes sires, qui jouaient avec elle la comédie de discuter en sa présence des questions déjà résolues d'avance, et qui apportaient à sa signature les mesures dictées de son camp par le maître.

Dans cet aréopage de comédiens, madame bornait son soin à produire de nouvelles modes, à étaler de coûteux oripeaux, réservant sa faveur pour celui de ses conseillers qui saurait lui faire le plus fin et le plus chatouilleux compliment sur la suavité de ses charmes, la fraîcheur de ses grâces et le suprême bon goût de ses toilettes.

Pendant cette période de complète liberté pour elle, alors qu'il lui était permis de s'affranchir de tout contrôle, que, maîtresse absolue de ses actes, elle n'avait pas la permission du maître à solliciter, ni l'objection d'un ministre à craindre pour une fredaine, madame Napoléon commença à mettre à exécution son plan, qui dénotait chez elle une profonde habileté et une certaine clairvoyance politique.

Les nouvelles d'Italie arrivaient toutes plus glorieuses les unes que les autres, car la stratégie du maître, malgré toutes ses bévues, toutes ses fautes et toutes ses incapacités notoires, n'avait pas si bien qu'en 1870 réussi à annihiler la bravoure proverbiale des soldats français, non plus que l'incomparable élan de leurs bataillons. Mais malgré cela, la popularité de Napoléon marchait vers un déclin rapide. L'évidence de cette vérité fut démontrée par la nécessité des concessions de 1861 à 1869, et c'est véritablement de la guerre d'Italie elle-même que la fatalité, comme disent les Bonaparte, s'attache à l'empire.

La nation française avait compris qu'on la leurrait par des grands mots, et que la frayeur des bombes Orsini avait poussé son tyran à une guerre dont l'intérêt du pays ne devait jamais profiter.

Les Bonaparte n'avaient pas à ce moment la ressource de s'appuyer sur le libéralisme obligatoire d'un héritier présomptif... le bambin était encore au biberon, et le cousin succombait sous une telle renommée de couardise, qu'il devenait inutile même dans l'emploi des troisièmes rôles.

De cet instant, madame Napoléon conçut le projet de se créer une popularité à elle, fût-ce aux dépens de son mari ; elle connaissait à fond l'indulgence extrême qu'ont malheureusement les Français pour les femmes, et elle toucha assez bien de cette guitare !

Le cercle de madame devint un foyer clérical, *le sang du Cid*, qui soi-disant coulait dans ses veines, lui permit de faire quelques avances au faubourg Saint-Germain.

Le confesseur eut un parti à la cour, et son influence amena le ralliement de quelques grands noms de France, qui eurent l'impudeur d'apporter à l'empire l'aumône de leur honorabilité passée.

Madame Napoléon voulait singer Marie-Antoinette! Elle fit reconstruire le petit Trianon et y donna des fêtes ; elle rallia, donna des gages même au parti légitimiste, et, Dieu nous pardonne, si le comte de Bordeaux eût eu une fille, elle eût été capable d'aller lui demander sa main pour son fils à elle, réalisant ainsi à son profit l'équivalent de cette fusion à laquelle les princes d'Orléans avaient refusé de souscrire !

. . . , ...

. . . .

Mais le maître était revenu, et la régente rentra dans ses petits appartements et reprit en apparence son rôle de femme. César n'avait pas tardé à s'apercevoir du manége de sa femme en son absence, et, qui plus est, à en ressentir les fruits. La politique qu'il voulait suivre dans la question romaine n'avait pas d'ennemis plus déclarés et plus turbulents que sa femme et sa coterie.

S'il faut en croire certains commérages, des scènes d'une violence excessive eurent lieu entre les deux époux.... des reproches amers et même des mots offensants furent échangées.

Madame, qui n'était pas la plus forte, usa des grands moyens, elle bouda son mari.... et pour se soustraire aux tentations maritales.... et aux faiblesses de femme auxquelles ces entreprises auraient pu donner lieu, elle fit un voyage lointain.... en Écosse, chez un parent éloigné, que, pour une raison assez connue, on ne voyait que très-rarement à la cour.

Cette détermination de la femme était contre le mari une arme à deux tranchants, car elle le privait d'une société agréable autant que... légitime et prêtait assez le flanc à de malveillants propos que nous voulons bien ne pas croire fondés.

Madame revint, et nous entrons, avec son retour, en plein dans cette furieuse période de réaction, qui, à travers des oscillations constantes, aurait suffi à pervertir les meilleurs intentions si on en avait eu, dans cette période de réaction, surtout cléricale et autoritaire, qui devait forcément et fatalement aboutir à la catastrophe, et qui n'a pas peu contribué au détraquement inouï de tout le soi-disant système impérial.

XII.

LA RÉACTION.

C'en était fait ! madame Napoléon était en guerre ouverte avec tout ce que la France comptait d'hommes honnêtes et.... crédules, qui pensaient qu'on pouvait arracher l'empire à l'ornière du pillage, du vol, des malversations, des abus, où il s'enfonçait tous les jours de plus en plus.

En femme habile, il le faut reconnaître, elle ne négligeait aucun des moyens qui pouvaient l'aider dans son œuvre. La plus petite circonstance se présentait-elle, pouvant lui offrir l'occasion d'une apparence de dévouement, devant amener un regain de popularité, elle la saisissait au vol. Elle avait l'avantage d'avoir autour d'elle de très-habiles metteurs en scène et des prôneurs qui chantaient en parfait accord, et dans les salons, et dans les lieux publics, et dans la presse, son éloge.

Forcé de consentir à quelques réformes libérales, monsieur Napoléon connaissait et avait fini par approuver le jeu de sa femme, semblable à ce joueur qui, tout en pontant sur la noire, met aussi quelque chose sur la rouge, se réservant en cas d'accident une poire pour la soif.

Il n'entre pas dans notre plan, et la brièveté d'un travail pareil au nôtre ne le comporterait guère, de refaire ici l'histoire du second empire. Mais nous ne pouvons nous empêcher de rappeler aux souvenirs de nos lecteurs, les actes des Pinard, des Émile Ollivier, des Clément Duvernois. Chacun de ces ministres prenait avant d'agir et le bon plaisir et l'autorisation de madame, et il est de notoriété publique, que quand, par le plus grand des hasards, un ministre se montrait récalcitrant, l'impératrice (d'alors) était chargée de le convaincre ou de le séduire.

Combien de fois cela n'est-il pas arrivé à cet Émile Ollivier qui avait des instants de probité politique et des velléités de résistance libérale ?

Nous avons beau compulser les collections de tous les journaux de l'époque, nous ne pouvons trouver nulle part autre chose que la preuve palpable et évidente de cet appui militant prêté par madame Napoléon à la réaction, dont elle s'était faite la tête, le chef et le centre.

Elle jouait aussi un autre jeu, l'impudente femme !

Elle osait porter son influence pernicieuse et coupable jusque dans les rangs et le sanctuaire de cette magistrature française, qui aura dû à l'empire son déshonneur tout au moins partiel et la profonde déconsidération dont elle est aujourd'hui la victime. Oui, madame Napoléon osait adresser des recommandations à la justice. Il ne se plaidait pas une cause de malheureux héritiers naturels disputant à un couvent, une communauté religieuse ou un prêtre indigne et captateur la fortune d'un parent, qui ne trouvât, quand l'enjeu en valait la peine, ses ténébreux adversaires armés d'une faveur et d'une protection qu'ils avaient été exiger de la souveraine.

Et croyez-vous que madame Napoléon rendait ces services gratuitement? Nous ne prétendons pas dire que cela se payait avec de l'argent, non, c'eût été ridicule, car on avait de faciles moyens d'en trouver ailleurs, mais couvents, communautés religieuses, ténébreuses associations, prêtres et nonnes, mettaient, par ce honteux marché, leurs influences de villes, de provinces, de confessionnal, au service du parti et des intérêts politiques de leur auguste protectrice!

Est-ce que ce n'est pas de la concussion, cela, et du genre le plus ignoble et le plus honteux, une concussion dont le prix n'était pas la vulgaire pièce de cent sous, mais, chose bien plus déshonorante encore pour les deux partis, la vente de leur conscience.

La conscience! les deux partis n'en avaient pas!

et ils se trompaient mutuellement sur la qualité de la chose vendue!

Tenez, lecteurs, voulez-vous des preuves, des noms?

Voilà ce que nous trouvons dans un article de fond du journal *la Liberté* publié à Bordeaux, qui pourtant ne passe pas pour porter une haine bien féroce à l'ex-régime impérial :

« Il ne manquait au commencement de la guerre ni argent ni crédit à la maison Émile Erlanger (fils aîné), établie à Paris. Eh bien, argent et crédit lui avaient été conservés par suite d'une coupable et personnelle intervention de l'impératrice Eugénie auprès des conseillers de la cour impériale à l'occasion d'un procès dont tout le monde se souvient, procès intenté à monsieur Émile Erlanger par les actionnaires de l'exposition permanente d'Auteuil. »

Les actionnaires étaient français et ils avaient raison, monsieur Erlanger était prussien et il avait tort, mais sur la recommandation de madame Napoléon, il gagna son procès.

Aujourd'hui, avec cet argent français ainsi sauvé par l'intervention de la souveraine, ils sont devenus les fournisseurs, les pourvoyeurs d'approvisionnements pour l'armée d'invasion prussienne. Ces messieurs accaparent en Angleterre les *meat-pie*, les farines, les *cocoa*, créant une augmentation de prix dont souffrent les Français.

Et qui sait? C'est peut-être aussi avec cet argent-là que les Prussiens ont acheté et rempli ces bombes homicides qui tombent sur le Panthéon, qui dévastent le Val-de-Grâce, qui achèvent les femmes malades dans leur lit à la Pitié, qui percent Saint-Sulpice, qui tuent les femmes et les enfants dans les rues de Paris, et c'est vous, madame, c'est votre intervention qui a sauvé cette fortune! Ah! tenez, l'indignation nous suffoque, la douleur nous étreint le cœur, nous pleurons et nous ne pouvons retenir sur nos lèvres le cri qui deviendra le cri unanime de notre pauvre France : Vous aussi, soyez maudite!!

XIII.

GUERRE DE 1870. — FUITE DE PARIS.

Tout cela est déjà jugé! l'histoire, comme il arrive pour tous les grands crimes, se prononce dès leur lendemain, et son jugement reste irrévocable.

Nous répondrons ici à un reproche qu'on a peut-être déjà adressé à notre œuvre, de n'avoir pas qualifié comme ils le méritent toute la honte, les crimes, la lâcheté et les infamies de monsieur Napoléon. Eh! que voulez-vous, les vérités écœurantes, ne sont bonnes à dire qu'aux gens debout et pour les faire tomber, mais quand ils sont à terre, quand leurs actes connus de tout l'univers sont suffisants pour leur assurer à jamais le mépris universel, à quoi bon remuer tant de boue? C'est une besogne qui n'est pas amusante, et quand elle est faite, nous ne nous sentons pas le courage inutile d'y remettre la main.

Dans le verdict unanime de la nation française hautement approuvé par l'Europe, il n'y avait qu'une lacune, les bonapartistes, eux, qui ont du flair, ont mis leur dernière espérance dans madame Napoléon. Comme nous l'avons dit en commençant, ils voulaient se relever par elle et continuer la légende napoléonienne, et c'est pour parer à ce danger que nous avons élevé la voix.

Nous poursuivons notre triste besogne.

Ce fut, avons-nous dit, la volonté absolue de la mère qui envoya le fils assister inutilement aux horreurs de la guerre ; mais l'habileté de la régente et de la femme politique fut bien aussi pour quelque chose dans cette barbare détermination. Si l'on revenait victorieux, il ne fallait pas que le père sur lequel on ne comptait plus bénéficiât seul de toute la gloire, le fils devait en avoir sa part... pour la faire rejaillir sur la mère et lui assurer une régence omnipotente, qui se serait prolongée bien au delà de la majorité du petit prince, car madame s'était ménagé sur l'esprit de l'enfant un empire indéterminé.

On voulait jouer à la Médicis !

Comme la femme spartiate, on avait dit au vieux César partant en guerre : Il faut revenir avec ou sur ton bouclier, c'est-à-dire, mort ou victorieux !

Le brave de Boulogne avait promis, et vraiment madame Bonaparte était une femme de tête, car de toutes façons, elle faisait un marché d'or, qui pour elle n'avait que des alternatives favorables. Victorieux! vivant ou mort, cela allait de soi! mais même vaincu et alors *secouru par un beau désespoir*, n'ayant pas survécu à sa défaite, la régente héritait du sacrifice héroïque de son époux, sans compter qu'en prévoyante mère de famille, elle avait fait assurer sa vie pour une somme énorme par une richissime compagnie anglaise.

Plus sage qu'on ne le croyait, *lui* n'est pas revenu du tout, mais aussi s'est bien gardé de mourir, et sa façon actuelle de charmer les loisirs de la captivité indigne en ce moment non-seulement la France, mais l'Europe.

Dans un moment de fureur indicible, voyant que pour vous tout était perdu, vous vous êtes écriée : Je ne le reverrai plus, le lâche!

Et pourtant, vous l'avez revu, madame!

Mais bast, serment de Bonaparte, mâle ou femelle, cela ne tire pas à conséquence!

. . . .

Dites donc, madame, un souvenir, si vous le permettez.

Dans vos thés particuliers, au milieu de vos petits appartements, et alors que devant vos intimes vous permettiez quelques écarts à votre rare franchise, avez-vous vous-même assez glosé le piteux départ de Paris du pauvre roi Louis-Philippe et en avez-vous assez ri?

Eh bien! qu'en pensez-vous aujourd'hui?

Vous aussi, vous avez pris votre fiacre, non pas seulement cela, une voiture de maraîcher....; vous

vous êtes déguisée en servante pour partir...., lui n'était descendu que jusqu'au bourgeois! Le pauvre vieux roi, qui s'en allait en partie la conscience tranquille, et surtout pour ne pas mitrailler ce peuple de Paris, que votre mari a assassiné en décembre, fut cependant accompagné et protégé par le dévouement d'un gentilhomme; vous êtes filée avec votre dentiste, vous! n'est-ce pas?

. . . .

Ah! pardon, il y a encore entre les deux départs une autre différence que nous oublions de signaler, et vous nous en auriez pu vouloir de vous laisser ainsi prendre pour une femme sans ordre.

Louis-Philippe laissa sur la table de son secrétaire deux ou trois cent mille francs de sa cassette particulière, il oublia toute sa garde-robe, il n'enleva aucun des objets d'art du mobilier des Tuileries ni des diamants de la couronne.

Vous, vous n'avez pas oublié votre bourse!

Depuis un mois déjà, votre déménagement était fait, et vous aviez quatre cent quatre-vingt dix-sept colis qui vous attendaient en Angleterre!

XIV.

ARRIVÉE ET SÉJOUR EN ANGLETERRE.

Sortir des Tuileries n'était pas suffisant, il fallait aussi quitter Paris, puis ensuite la France, et madame Napoléon entreprit une aventure de tous points semblable à la fuite de Varennes ; seulement, le gouvernement provisoire, quoiqu'il ait été parfaitement instruit, montra pour elle plus de longanimité que la convention de 1792.

Ne voulant pas courir le risque d'être reconnue en chemin de fer, madame Napoléon fit la route de Paris à Trouville dans une voiture de paysan. Cela lui prit deux nuits et trois jours.

Le 6 septembre, elle arriva sur le bord de la mer. Il n'y avait en rade que la *Gazelle,* un yacht anglais appartenant à sir J. M. Burgoyne.

Monsieur de Lesseps alla à bord, et après avoir demandé au gentleman anglais sa parole d'honneur de ne pas divulguer son secret, il lui confia que l'ex-impératrice sollicitait la faveur d'être conduite en Angleterre.

Monsieur Burgoyne attendait sa femme, qui revenait de Suisse, et il promit au solliciteur de rendre le service qu'on lui demandait et de partir à l'heure qu'il avait primitivement fixée, c'est-à-dire le lendemain 7 septembre, à sept heures et demie du matin.

Madame Napoléon se rendit le 6 au soir à bord de la *Gazelle,* qui, le lendemain, leva l'ancre à l'heure dite.

La *Gazelle* arriva le jeudi 8, à quatre heures du matin, dans le port de Ryde, et la fugitive, monsieur Ferdinand de Lesseps et madame Lebreton descendirent à l'hôtel d'York, chez monsieur Childe, qui n'aurait jamais reconnu les hôtes qu'il avait reçus, si, dans leur départ précipité, ils n'avaient oublié....... un petit chien... réclamé dans la soirée par une femme de chambre, qui, alors, déclina les titres et qualités de son auguste maîtresse.

La cause du départ précipité de madame Napoléon avait été la lecture d'un journal anglais, lui apprenant que son fils était à Hastings avec le capitaine Duperré, qui remplissait auprès de lui l'office de protecteur que lui avait confié la mère.

Monsieur Duperré était capitaine de vaisseau, commandant *le Taureau*, mais il avait jugé plus convenable, pour lui sans doute, de remplir une mission de courtisan que de rester à son bord au service de la France.

Depuis, monsieur Duperré a reçu du ministère de la marine l'ordre de rejoindre son poste, mais il n'a pas jugé à propos d'y obtempérer.

La réunion de la mère et du fils se fit au milieu de larmes et de sanglots que nous comprenons.... et auxquels nous serions tout disposés à sympathiser, si nous les croyions inspirés par le repentir... et par un tardif amour de la patrie.

Madame Napoléon s'installa avec sa suite, devenue assez nombreuse par l'adjonction de l'entourage de son fils et une trentaine de domestiques à peu près, à l'Hôtel de la Marine à Hastings, où elle resta jusqu'au 24 septembre.

Ce jour-là, tous les exilés déménagèrent pour aller s'établir à Camden-House, Chislehurst, où ils sont encore en ce moment, et qui est devenu le rendez-vous général de toutes les manœuvres, de tous les complots et menées bonapartistes.

On mène là dedans une vie assez retirée. Madame Napoléon qui, déjà pendant son règne, en sa qualité de *parvenue*, était la terreur et le fléau des domestiques et des employés de la maison impériale, ne s'est pas améliorée dans le malheur. Elle est hautaine, orgueilleuse au delà du possible ; elle a mis sa maison sur un pied de parcimonie destiné sans doute à égarer le public sur les moyens pécuniaires dont elle dispose. Mais ce n'est là qu'un leurre, bon tout au plus à tromper les naïfs, car nous savons de sources certaines que l'ex-majesté a avec elle un capital disponible d'au moins deux cent cinquante millions, sans compter les nombreuses propriétés qu'elle possède personnellement en Espagne, en Italie, en Amérique et en Angleterre.

Dans ce moment, c'est elle qui fournit aux besoins de son ex-auguste époux, et vraiment, le Corse Piétri a beau jeu de démentir les bruits qui ont couru dans les journaux, et d'affirmer que son maître ne possède aucune fortune personnelle.

Parbleu ! c'est sa femme qui a le magot.

XV.

COMPLOT BAZAINE-BOYER. — COMPLICITÉ DE MADAME NAPOLÉON.

Nous ne dirons rien de l'intrigue soi-disant conduite par le fameux monsieur N., et dont fut victime le général Bourbaki. Il est certain que le commandant actuel de notre armée de l'Est eut à Hastings une entrevue avec madame Napoléon, qui lui offrit à mots couverts de conspirer contre la France et de la trahir au profit de la restauration des Bonaparte.

Le général refusa avec indignation et ne put que promettre une chose, qui était de ne pas livrer à la publicité, et par conséquent au mépris, les infâmes propositions qu'on lui avait faites. Le général eut tort, mais enfin, nous respectons ses susceptibilités, et nous nous refusons à le juger.

Depuis, le parti bonapartiste a essayé de se venger de lui. Un mouchard a été expédié d'ici, soldé par madame N., pour suivre le général en France, le compromettre malgré lui, le rendre suspect au gouvernement de la défense nationale, et par tous les moyens possibles, priver la France de son courage et de son épée. Cette honteuse campagne n'a heureusement qu'à moitié réussi, et nous savons que bientôt tout cela sera établi, preuves en mains, au grand jour!

Cette mission Bourbaki n'était que le premier acte d'une odieuse comédie, dont la mission Boyer devait être l'infâme dénouement.

Tous les cœurs français en ont fait la douloureuse expérience ; il y a quelque chose de plus pénible encore que la plus grande défaite, la plus cruelle catastrophe, c'est de constater la honte et la trahison d'un homme entre les mains de qui tout un pays avait mis ses espérances, mais auquel heureusement il n'avait pas confié la garde de son honneur.

En quittant la ville de Metz pour se rendre auprès de l'homme de Sedan, *monsieur Bazaine* (car il n'est plus maréchal de France), caché au fond de sa voiture, n'a échappé que grâce aux gendarmes prussiens à la fureur des femmes de Metz, qui, brisant les vitres de son carrosse, lui ont crié : Rends-nous donc nos fils et nos hommes, traître !

Voilà le verdict populaire, et il restera, car les documents abondent, les preuves foisonnent pour démontrer surabondamment que c'est avec justice que Gambetta a cloué au pilori de la honte le nom de Bazaine.

Ah ! vous croyez, messieurs les bonapartistes, qu'il suffit de déclarer que *l'impératrice* a refusé de sanctionner le démembrement de la France, pour qu'on vous croie sur parole. Allons donc !

Le 18 octobre, le comité de guerre de l'armée fut convoqué au grand quartier-général du banc Saint-Martin, pour entendre le rapport du général Boyer sur sa mission à Versailles. M. Boyer, qui laissa ignorer au conseil qu'il avait fait une démarche auprès de madame Napoléon, dit que Bismark ne traiterait qu'à la condition que l'armée reconnaîtrait et soutiendrait tous les engagements pris par l'impératrice régente, le seul gouvernement régulier que la Prusse voulait bien reconnaître en France.

Le conseil décida d'envoyer M. Boyer à Hastings (il ignorait sans doute que l'ex-impératrice était à Camden-House, Chislehurst).

Le 24 octobre, six jours après, alors qu'on n'avait pas eu le temps matériel de pouvoir se rendre en Angleterre, Bazaine déclare au conseil que l'impératrice ne veut pas s'occuper de traiter et qu'elle fait des vœux pour l'armée de Metz.

Bazaine pouvait parler à coup sûr des intentions de madame Napoléon, car il avait eu une entrevue avec elle, dans son quartier-général, la nuit du 23 au 24 octobre ; sous un incognito qu'on croyait impénétrable, madame Napoléon, retour d'une troisième visite à son époux, avait gagné Luxembourg, et de là était partie pour Metz dans une voiture desservie par des relais prussiens. Pour ne pas faire le détour par le chemin de fer de Saarbruck, et pour prendre la route de terre qui passe à travers les lignes d'investissement de Thionville, elle était munie d'un sauf-conduit tout spécial, signé par M. de Bismark en personne.

XVI.

SES MANŒUVRES.— SES VOYAGES.— SES INCOGNITOS.

Pour toutes ces allées et venues, on prenait un certain soin; on voyageait avec une très-grande rapidité. Grâce à un secret assez bien gardé, les journaux n'étaient prévenus qu'après deux et trois jours.... ils annonçaient le passage de l'impératrice à Arlon, Bruxelles, Willemshöhe, le jour même de leur date, pour paraître bien informés; mais ce dont ils parlaient avait eu lieu la veille ou l'avant-veille, c'est ce qui donnait beau jeu aux journaux bonapartistes pour répondre : Tel jour, telle heure, l'impératrice, qu'on disait à***... recevait à Chislehurst la visite de la reine d'Angleterre... par exemple.

Ce jeu-là a trompé bien des gens, mais il est un fait certain, c'est que, depuis son arrivée en Angleterre, madame Napoléon a disparu cinq fois pendant des périodes qui ont varié depuis quarante-huit heures jusqu'à cinq jours.

A ces moments-là, il arrivait toujours des visites nombreuses; les inconnus étaient éconduits sous prétexte que Sa Majesté était souffrante, les tièdes amis faisaient antichambre jusqu'à ce qu'on les informât que Sa Majesté regrettait de ne pouvoir les recevoir pour le moment; les sûrs, les fidèles, étaient régulièrement introduits, ils allaient présenter leurs compliments au fauteuil... vide de madame, faisaient un bout de conversation avec le confident.... le capitaine Duperré, et ressortaient ravis, prêts à jouer leur rôle de témoins dans un *alibi* préparé pour les besoins de la cause.

Ce n'est pas plus difficile que cela.

Pendant ce temps, les trains express, les bateaux spécialement frétés, marchaient avec une rapidité vertigineuse, et madame Napoléon jouissait pleinement de cet heureux privilége d'ubiquité, qui a toujours été l'apanage des grands de ce monde, des jongleurs de profession et des voleurs de grand chemin, qui ont besoin de tromper la maréchaussée sur leurs faits et gestes.

Madame Napoléon était encore servie par ses incognitos. Elle partait avec un..... inconnu et passait pour sa femme, elle descendait même jusqu'au rôle de servante; elle était, suivant le besoin, brune ou blonde à volonté; enfin, ayant recours à tous les subterfuges, elle jouait tous les jeux et trompait toutes les surveillances, elle s'imposait toutes les privations, subissait tous les désagréments, courait même certains petits dangers anodins, en un mot, se sacrifiait!..... Et tout cela pourquoi?

Pour remplir son devoir d'épouse... et aller porter les consolations de son amour au malheureux prisonnier de Sedan, à ce captif infortuné, qui n'avait pas voulu séparer son sort de celui de sa brave armée et qui subissait avec elle... toutes les horreurs que l'on sait des prisons prussiennes? Non pas! à cette mission-là, une autre femme avait pourvu ! Sa Majesté la reine de Prusse s'était chargée du bien-être matériel du captif de son mari ; et quant aux consolations morales, l'homme de Sedan étant incapable de les apprécier, on était dispensé de ce soin.

Mais alors, c'était sans doute pour aller organiser en Allemagne les secours aux prisonniers français, à ces pauvres soldats de Sedan que n'avait pu sauver l'héroïsme de leur empereur, utilisant ainsi les centaines de millions qu'on avait emportés? Non, pas encore cela ; la seule aumône qu'on faisait à ces pauvres gens était une distribution, très-libérale par exemple, du journal le *Drapeau*, dont la bourse de madame faisait et fait encore les frais.... en récompensant les glorieux services des gens que l'on sait et en entretenant le dévouement de l'armée !

Mais alors, on allait sans doute essayer de fléchir la colère et d'arrêter la vengeance inexorable de ce Prussien, qui avait déclaré ne pas faire la guerre à la France, mais seulement à Napoléon III ; on allait auprès de ce rigide vainqueur et de son cauteleux ministre prendre ce rôle de suppliante que la France se refusait à remplir? Non, pas encore cela ; au contraire, on disait volontiers au Prussien : Frappez fort ! courbez-nous ces orgueilleux républicains, ces Français fanfarons, ce sera de la besogne de moins pour nous.......... au retour !

Rien, rien, de tout cela ! Ce qu'on voulait, c'était d'obtenir du vieil homme de décembre, de l'histrion de Boulogne, de l'amoureux de Compiègne, du lâche de Sedan.... UNE ABDICATION *absolue, définitive, de la couronne impériale en faveur de son fils.et de la régence de la mère !*

Avec cette pièce en main, légalement paraphée, contresignée des maréchaux, des généraux, des ex-ministres, monsieur de Bismark avait promis de traiter, de laisser l'armée de Metz intacte au service de la régente, qui, de son côté, abandonnait l'Alsace et la Lorraine, les deux tiers de notre flotte et une indemnité de cinq milliards de francs.

Monsieur de Bismark tient en ses mains, un pareil engagement revêtu de la signature de madame Napoléon, et il s'en servira un jour, soyez-en sûr. Mais le sédentaire, qui connaît madame, n'a jamais voulu signer son abdication ; il avait peur sans doute qu'après cela, son avenir... à lui ne fût pas assuré !

Et la voilà, cette femme qu'on voudrait nous représenter comme pleurant les malheurs de la France !

Allons ! madame, si vous voulez que l'on vous croie, des actes ! des actes !

Envoyez vos millions au gouvernement de la défense nationale ! Dites donc à vos partisans de ne plus conspirer, chassez-moi donc de vos antichambres ces repus et ces lâches qui les encombrent, et vous rendant justice à vous-même et à votre parti, par un de ces héroïsmes auquel quelques femmes atteignent, déclarez donc à la face du monde que votre dynastie est finie, et que la France rentre dans le chemin de l'honneur, d'où vingt ans d'empire l'avait fait dévier.

XVII.

SES VISITES. — SES ENTREVUES.

Dans cette malheureuse France, dont son mari avait fait, avec les Morny, les Fialin, les Magnan, les Baroche et autres, *un cabaret*, suivant l'expression triviale de la Metternich, madame Napoléon remplissait, à la satisfaction générale, le rôle de maîtresse de maison,

On tenait table ouverte, et les empereurs et les rois s'y rendaient assez volontiers ; mais, sauf les vieux, ils avaient le soin de ne guère y amener leurs femmes, de sorte que la maîtresse du logis n'eut jamais de concurrente à craindre, pour se voir enlever le sceptre de la beauté. On continuait toujours à être entre hommes.

La reine d'Angleterre n'avait cédé qu'à d'absolues nécessités de politique lors de sa visite aux Tuileries. Plus tard, se rendant à une villégiature continentale, la même Majesté avait encore traversé Paris. Madame Napoléon s'était empressée de rendre visite à sa *cousine*, de par l'usage. Elle s'attendait évidemment à ce que sa politesse lui serait rendue dans la même journée ; elle avait même fait à cette intention des préparatifs, donné des ordres, endossé des toilettes mirobolantes....., mais le tout en pure perte, car la cousine visitée le matin eut la migraine le soir, et, subitement guérie, partit le lendemain.

Paris glosa et rit beaucoup de cette impolitesse, mais madame Napoléon entra dans une fureur indescriptible..., elle en écrivit à Louis, elle exigea que la France fît de cette misère une affaire d'État, fut de ce moment l'ennemie la plus acharnée de l'alliance anglaise, enfin, fit tant et si bien que les relations diplomatiques des deux pays s'en ressentirent notablement. Et nous sommes plus sérieux et plus dans le vrai qu'on ne le pourrait supposer, en affirmant que cette ridicule fureur contribua pour sa part à relâcher entre les deux pays les liens d'amitié qui les unissaient, et à paver la voie de l'abandon dans lequel l'Angleterre laisse aujourd'hui la France.

. . . .

Quand un souverain étranger met, en exilé et en fugitif, le pied sur le territoire anglais, ce refuge classique des détrônés, il est d'usage que le souverain d'Angleterre leur rende immédiatement une visite de condoléance.

La reine remplit ce devoir de convenance envers Louis-Philippe, dans les trois jours de son arrivée.... Elle n'a fait la même visite à madame Napoléon qu'après deux mois pleins écoulés, et encore, avec une si mauvaise grâce, que vraiment cette dernière n'a pas dû en être excessivement flattée.

En thèse générale, nous ne sommes pas grands admirateurs de cette caste particulière d'*exploiteurs* qu'on appelle les *rois*. Leur grandeur n'est en somme que relative à la petitesse et au servilisme de ceux qui se laissent gouverner ; leurs vertus, ou du moins celles dont on entretient le peuple, ne sont guère que des vérités de courtisans; leur utilité plus que problématique ne nous semble répondre à rien autre chose absolument qu'à ce besoin puéril qu'ont les masses d'un hochet emplumé, les monuments publics d'une inscription, les tricornes d'un panache, les casques d'une aigrette, les vieux habits d'un galon, les vaisseaux d'une flamme, ou les vieilles maisons d'une girouette et les neuves d'un bouquet!

Mais encore est-il juste de respecter chez ces gens-là de certaines susceptibilités, et vraiment, nous ne nous sentons pas la force de blâmer les hommes de leur laisser-aller, non plus que les honnêtes femmes de leurs abstentions.

Si les visites ont été rares, les entrevues en revanche sont nombreuses.

Entrevue de Biarritz avec la reine d'Espagne, suivies de beaucoup d'autres à Paris et ailleurs en l'absence aussi bien qu'en présence de *il signor Marfori!*

Entrevue avec le mastodonte Ismaïl Pacha, pèlerinages au harem, où madame avoue dans une lettre à son époux avoir été témoin des danses les plus indécentes qu'elle ait jamais vues! Que devait-ce donc être, mon Dieu!

Et depuis surtout que madame Napoléon est en Angleterre, entrevues de toutes les sortes, conciliabules de toutes les espèces, avec les plus marquants comme avec les plus infimes agents du bonapartisme. Entrevues de toutes les heures :

madame n'est jamais ni sortie ni malade pour le plus vulgaire mouchard qui vient lui apporter un renseignement, le plus audacieux coquin qui vient lui offrir son concours non gratuit. Il y a une demie-vertu chez ces Bonaparte, c'est de ne jamais refuser une aide si minime qu'elle soit ; ils ne s'arrêtent pas au casier judiciaire de leurs séides, ce leur est même une recommandation quand on a eu maille à partir avec la justice.

Il est vrai que lorsqu'on a fait le 2 décembre, on est l'égal de tous les criminels et qu'on n'a plus à rougir de personne.

XVIII.

SON ENTOURAGE A LONDRES.

Nous ne parlerons pas du menu fretin de la domesticité ; que madame Napoléon ait trente ou quarante laquais, cela ne nous importe qu'en ce sens que c'est l'argent de la France qui les paie.

Camden-House, près de la petite ville de Chislehurst, comté de Kent, en Angleterre, est une de ces grandes et confortables résidences comme il y en a tant dans ce pays, où l'aristocratie passe la plus grande partie de l'année dans ses terres. Un parc immense, aux arbres centenaires, entoure la maison, et aux environs, un assez grand nombre de fermes très-riches font une ceinture à ce château, dont elles sont financièrement les très-lucratifs tributaires. Cette propriété passe pour appartenir personnellement à madame Napoléon, sous le couvert d'un fidéi-commis, rendu nécessaire par la législation anglaise, qui ne permet la possession du sol qu'aux seuls citoyens anglais.

Les seuls habitants à demeure fixe du château sont : madame Napoléon, monsieur son fils, monsieur le capitaine Duperré et madame Lebreton. On n'a pas même conservé un répétiteur ou un précepteur pour continuer l'éducation du jeune homme. Le capitaine suffit à tout, paraît-il, et son dévouement est sans limites, s'il n'est pas sans récompense !

Mais de cet isolement relatif, il ne faut pas conclure que là se borne l'entourage de madame Napoléon, qui au contraire est très-nombreux.

Il se compose, peut-on dire, presque sans exception, de tous les bonapartistes qui, sous l'empire, ont fait des fortunes si scandaleuses que, ne pouvant en justifier l'origine et n'espérant en pouvoir jouir en paix sous aucun régime autre que celui des Bonaparte, ils ont mis leur dernière espérance en la restauration de madame la régente.

Voilà les dévouements qui l'entourent !

Ce sont Fialin, créé duc de Persigny par la grâce impériale ; cet ex-sous-officier de cavalerie, qui est devenu millionnaire et seigneur de Chamarande, et qui s'ennuie depuis qu'il n'a plus occasion de caser la belle prose que lui fournissaient ses secrétaires.

Rouher, l'épais auvergnat, le foudre d'éloquence, qui a été le porte-parole et le complaisant de toutes les palinodies politiques de monsieur Napoléon, celui qui prononçait au corps législatif les discours du maître et les « jamais! » des cléricaux de madame, le petit avocat lourd et pâteux de Riom, que l'empire n'a pas eu le temps de faire duc ou prince, celui qui s'est cru et se croit encore un des grands hommes d'état de l'Europe, et qui, en politique, n'a jamais été qu'un fort piètre sire, l'homme aux trois tronçons...., celui enfin qui, pauvre il y a quelques années, est aujourd'hui plusieurs fois millionnaire.

Schneider, l'homonyme d'une femme en somme plus remarquable que lui, l'exploiteur du Creusot, l'homme qui a sur la conscience le meurtre des malheureux ouvriers qu'on a tués dans ses usines, ce président du corps législatif, qui, second Dupin, l'heure du danger et des comptes étant venu, n'a pas eu le triste courage de rester sur son fauteuil.

Baroche, celui qui devançait la justice du peuple, mais duquel nous nous abstiendrons de parler, parce que la mort, aussi bien que l'héroïque courage de son fils, l'ont soustrait à notre sévérité.

Lavalette, ce marquis, ministre des affaires étrangères, qui avait fait un pacte de famille avec Rouher, pensant en faire un bail avec le pouvoir.

De Bouville, ce modèle des préfets à poigne, qui, journaliste assez peu fortuné, lors du coup d'état, sut si bien manœuvrer et rendre de tels services, qu'il est devenu depuis un des plus gros bonnets de la bande et auquel le temps seul a manqué pour devenir ministre. Le capitaine Duperré, qui, jusqu'à présent, a été spécialement chargé de la correspondance de madame avec le *Daily Telegraph*, pour démentir ses voyages et nier ses altercations avec le très-cher cousin, celui-là même qui, dans une lettre et un discours célèbres, avait si audacieusement affirmé l'union modèle et l'amour admirable qui régnaient et régneraient toujours dans la famille Bonaparte quand viendraient les jours mauvais ! Et nous en passons, et des meilleurs.

A propos du reproche que nous adressons à la plupart de ces gens de s'être taillé des fortunes seigneuriales pendant leur passage aux affaires, nous voulons réfuter une objection que souvent nous avons entendu faire par quelques personnes de bonne foi.

Ces messieurs ont pu légitimement faire des économies sur les traitements excessifs si vous voulez, mais du moins légaux, qu'ils recevaient.

La raison n'est que spécieuse, et la réponse est d'autant plus facile qu'elle se résout à une simple question de chiffres, sans oublier les opérations financières qu'ils ont pu faire.

Ah ! c'est là que nous vous attendions, ayez donc le courage de le dire : ils ont joué à la Bourse !

Disposant des ficelles qui font mouvoir la hausse et la baisse, dépositaires de ces fameux secrets d'état qui ne sont le plus souvent créés et mis au monde que pour amener dans la poche de leurs auteurs ce qu'on appelle par euphémisme *les diffé-*

rences, ces gens ne sont ni plus ni moins que les égaux de ces *grecs* se servant de cartes biseautées, c'est-à-dire, des voleurs !

Et l'on ne nous contredira pas, en contemplant les immenses catastrophes financières qui ont signalé l'empire !

Pauvres actionnaires ! Vous demandez où est votre argent !

Regardez dans la poche des Bonaparte et des bonapartistes !

XIX.

SES PROJETS !

Les projets et les visées de madame Napoléon ressortent évidemment de tout ce que nous avons dit d'elle dans le cours de cet opuscule et nous écrivons ici un chapitre inutile pour la plupart de nos lecteurs.

Mais nous le ferons court et à titre de simple résumé.

Madame Napoléon visa à être impératrice, elle le fut ; mère, elle le devint ; elle voulut se créer un parti, elle y réussit au delà de toute espérance, car il est incontestable qu'elle en eut un très-puissant, nommé le parti *de la cour*, et qui, influent de 1860 à 1867, devint presque maître de la situation de 1867 à 1870.

Pour se convaincre de la vérité de cette assertion, il suffit de regarder et de voir.

Il y a à cette heure deux émigrations bonapartistes distinctes, deux foyers, deux centres d'intrigues : Bruxelles et Londres.

Bruxelles et Willemshöhe ne font qu'un, ce sont les partisans du mystérieux idiot qui a su longtemps se faire passer pour un aigle qui y fourmillent; ceux qui, compromis trop gravement, ne peuvent avoir d'espoir que dans le maître, et qui pour la plupart ont été répudiés par le parti plus clairvoyant et aujourd'hui plus en faveur de la régente; ceux qui, comme Devienne, ont trop personnellement servi les caprices du *doux seigneur* pour jamais trouver grâce devant la rancune de l'altière Espagnole.

Londres a donné refuge aux prévoyants qui avaient plu à madame, ou ne s'étaient jamais déclarés ses ennemis, ceux qui ont reconnu et s'avouent entre eux que le *sédentaire* est définitivement perdu, et qui travaillent de toutes leurs forces à mettre sur pied cette autre légende, seconde manière des Napoléon, contre laquelle nous avons écrit ces ages, en en démasquant l'héroïne.

Depuis longtemps, madame Napoléon préméditait un coup d'état de famille à son profit, et il eût réussi... si la catastrophe amenée par les agissements, les déprédations de vingt ans, ne fût venue tout détruire sous les ruines inouïes et sans précédents dont la France est accablée.

Nous reconnaissons, madame, que vous avez été

très-habile, nous admettrons même, si cela peut vous faire plaisir, que vous fûtes une intrigante de génie, mais rien de plus.

XX.

SES RÊVES!

Donc, aujourd'hui tout s'évanouit en fumée, et de ces beaux projets, de ces marches savantes, de ces intrigues machiavéliques, de ces combinaisons politiques, de ces menées souterraines, de ces efforts de popularité, il ne reste plus rien que quelques châteaux en Espagne, et un assez joli nombre de millions!!!

Avoir rêvé d'être la moderne Cléopâtre, et n'avoir réussi qu'à devenir la femme d'un César de contrebande;

Avoir rêvé d'être la Catherine de Médicis de la France impériale, et n'être plus que la mère détrônée d'un pauvre petit jeune homme à la santé débile, comme un nouveau François II, qui n'a pas eu, et qui n'aura pas l'amour d'une seconde Marie Stuart;

Avoir rêvé de remplir le rôle de la grande Catherine, impératrice de toutes les Russies, avoir comme elle réussi à s'élever au trône d'une position relativement humble, mais n'avoir pas trouvé son Potemkin, et surtout n'avoir pas pu comme elle devenir maîtresse d'un grand empire, et en somme, n'aboutir qu'à une vie ignorée dans ses vieux jours, entourée d'une fortune dont chaque écu représente un remords ;

Avoir voulu jouer ce beau rôle de Marie-Thérèse, luttant en homme pour pouvoir sauvegarder l'héritage de son fils, et ne réussir qu'à rester la veuve d'un individu qui n'est pas mort, et la garde-malade d'un mari goutteux et d'un fils lymphatique ;

Avoir voulu ressembler à la belle Marie-Antoinette, comme elle avoir tenu le sceptre de la beauté et de la grâce, avoir été comme elle la reine de la fashion et de la mode, mais se voir refuser l'apothéose du temple, l'autel de la place de la Révolution, et finir misérablement comme on a commencé, par une vie inutile et sans éclat ;

Avoir fait de si beaux rêves et retomber lourdement et honteusement dans la réalité poignante....

C'est évidemment un sort cruel, mais aussi, c'est une punition justement méritée !

C'est la justice de Dieu qui commence !

Ah ! madame, on n'est pas impunément la femme du crime fait homme ! Ce n'est pas impunément que par son élévation on insulte à la morale publique, à toutes les notions du droit et de la justice, qu'impunément encore on exploite une nation, ou pressure un peuple, qu'on prend sur le budget de la guerre des millions pour payer le dévouement de ses complices ou acquitter la note de sa couturière et de son parfumeur... tôt ou tard, arrive l'heure des comptes à régler, et l'on tombe d'autant plus bas que l'on tombe de plus haut !

Femme ! il ne vous reste plus qu'un devoir à remplir, et, si c'est possible, pour obtenir un demi-pardon de cette France dont vous et les vôtres aurez fait et le malheur et la honte, élevez votre fils en citoyen et tâchez de lui désapprendre le rôle de prétendant !

Dans la longue nomenclature des pages de notre histoire, aussi bien que dans celles du monde tout entier, il y a eu des rois dont le nom n'est parvenu à la postérité que parce qu'ils ont été les époux fainéants de saintes femmes, ou de puissants esprits politiques, il y a eu des reines et des impératrices dont le nom n'a été sauvé de l'oubli que parce qu'elles ont été les femmes, les épouses et les mères de grands hommes, de grands généraux, de grands législateurs et de rois intègres. Vous n'aurez pas pareil service à vous devoir l'un à l'autre. D'aujourd'hui, tous les deux vous retournez au néant, d'où, pour le bonheur et l'édification de la France et du monde, vous n'eussiez jamais dû sortir !!!

CONCLUSION.

Ecce mulier !

Pour ceux qui l'ont connue dans sa jeunesse et dans sa gloire, il suffisait d'un regard jeté sur cette figure insignifiante dans sa grâce pour comprendre que les grandeurs éphémères n'ont rien changé au fond de cette nature aventureuse et futile, et que l'intelligence n'était pas au niveau de la fortune. Vers la fin, ce n'était plus même une figure, mais une œuvre d'art. Eugénie quadragénaire était peinte comme une princesse du demi-monde.

Il y avait du demi-monde en effet dans l'ensemble de cette souveraine factice contemporaine et voisine du déclassement de la société française et du règne des courtisanes, dans cette femme dont l'avènement à un trône volé n'avait été que le 2 décembre d'un caprice impérial surexcité par une résistance habile, n'avait en somme pu faire qu'une souveraine de contrebande !

Elle fut, elle devait être, l'impératrice provisoire d'un moment où la politique s'appelait Morny et Rouher, où le roman se nommait Ponson du Terrail, où les grandes dames n'étaient que des cocodettes, où le tailleur pour femmes devenait une puissance, où les fils des croisés, les fils de Voltaire, les fils des agents de change allaient pêle-mêle jouer un jeu d'enfer chez la Cora Pearl ou la Barruci, où le théâtre appartenait aux féeries, la parole au mensonge, le succès au *Figaro*. Paris à monsieur Haussmann, l'argent aux agioteurs, l'urne électorale aux préfets, et la France aux charlatans !

Ecce mulier !

Elle a voulu essayer de dégager sa responsabilité dans ce sombre tissu de crimes qu'on appelle le second empire, par quelques actes de courage ou de charité !

Elle va faire, à grand renfort de publicité, ce que vingt mille sœurs de Saint-Vincent de Paul font simplement tous les jours sans le crier si fort et nous ne sachions pas que le simple accomplissement d'un très-simple devoir méritât en somme d'être chanté si haut !

On a fondé pour elle quelques établissements de charité, dont plusieurs, la Caisse du prince impérial entre autres, payaient assez bien ; mais on l'a fait avec l'argent de la France, sans qu'il lui en ait coûté un sacrifice ou une privation.

Et l'on voudrait que nous la considérions comme libérée *vis-à-vis de nous*, qu'avec ces simagrées nous lui permettions de se créer des droits à notre respect et des espoirs de restauration sur les ruines fumantes de notre France ?

Ah ! allons donc ! Elle n'en mérite pas moins dans la mesure de son influence d'être regardée comme complice du mal affreux que nous ont fait l'empire et l'empereur.

Si le couple impérial fut sujet à des querelles de ménage, il ne s'accorda que trop bien sur un point. On eût dit qu'il s'était distribué les diverses parties de ce rôle de dissolvant dont nous subissons aujourd'hui les conséquences fatales.

Louis Bonaparte s'était chargé de sa politique, de la diplomatie, de la guerre, des administrations et des finances publiques. Eugénie, obéissant à ses goûts mesquins et frivoles, incapable de vraie grandeur, créa, pour ce monde énervé et perverti, une atmosphère particulière de parfumerie et de serre-chaude, où des plaisirs extravagants et puérils alternaient avec un inexorable ennui !

Plus que personne, elle contribua à abaisser par ses préférences cet idéal, qui, suivant qu'il s'élève ou se dégrade, ennoblit ou avilit une nation et une époque.

Elle répandit dans son entourage, qui le communiqua de proche en proche, cette passion de diamants et de toilette onéreux pour tous, ruineux pour un grand nombre, qui vers la fin de son règne arracha à un vieux drôle (pour le pousser en plein Sénat) un cri d'alarme contre le luxe effréné des femmes !

Sa piété n'eut rien de solide ni de grave. Volontairement associée aux hypocrisies de son auguste époux, condamnée aux ennuis des longs sermons qu'apaisaient les créations de M. Worth, au décorum des *Te Deum* officiels, qui précédaient ou suivaient les cascades de la *Vie parisienne* ou les proverbes de M. Octave Feuillet, cette piété fut d'un mauvais exemple, en ce sens qu'elle échoua dans le vide, qu'elle ne fut jamais appuyée par des actes, que personne ne la prit jamais au sérieux et qu'elle ne fit qu'affermir dans leur cynisme les roués, les mécréants et les viveurs dont foisonnait la cour impériale.

Ecce mulier!

Voilà, voilà, dans toute sa nudité la femme, qui, de concert avec son époux, a fait de la France ce que l'on sait et de Paris la Babylone de l'Europe !

. . . .
. . . .
. . . .
. . . .

PARIS.

Paris ! la Babylone moderne, la Gomorrhe de son siècle, la Sodome de 1870, dites-vous, ô salariés de Guillaume et de Bismark, Paris, que vous soumettez au bombardement pour le laver de ses souillures ! Mais vous oubliez tous, Russes, Prussiens, Autrichiens, Italiens et Anglais, de dire que c'est vous, vous les débauchés de l'Europe, qui, vous y donnant rendez-vous, alors que le gouvernement impérial favorisait ce flux de corruption, que c'est vous, vous, qui avez fait de Paris le théâtre de vos saturnales !

Le Nord y envoyait son empereur pour assister en débotté aux obscénités scéniques d'une prostituée en renom ; l'Allemagne y entassait ses espions, y envoyait ses plus blondes filles remplir les lupanars, ses princes goulus se gorger de ses vins et de sa bonne chère, et l'Italie lui expédiait ses proxénètes et ses entremetteurs, ses assassins et ses pifferari.

Et la dernière de toutes, sinon la moins prédominante, la pudique Angleterre, y fournissait la première, sinon la plus belle de ses courtisanes, ses riches bourgeois, ses lords, ses princes, qui venaient; dans des orgies célèbres, s'y dédommager des privations et des hypocrisies nationales !

Mais, à cette heure qu'une révolution pacifique, et qui n'a pas coûté une seule goutte de sang, a balayé toute cette boue immonde, contemplez-le, ce Paris livré à lui-même.

La voyez-vous, cette grande et sublime cité? Elle n'a plus de police, mais aussi elle n'a plus de voleurs; elle n'a plus de Germains, mais aussi elle n'a plus ni mendiants ni espions; depuis qu'impérialistes et colonies étrangères sont parties, elle n'a plus de femmes galantes, mais elle a des femmes honnêtes, des épouses, des patriotes, des Françaises, qui encouragent les hommes au combat, des mères sublimes, dont les bombes du civilisateur Guillaume vont tuer les enfants jusque dans leurs bras, ce qui ne les empêche pas de crier : Vive la France ! Paris n'a plus de banquiers prussiens, de juifs allemands, de courtisans impériaux ni de laquais bonapartistes, mais en revanche, il a des citoyens qui sont tous devenus des soldats !

Dans les murs du cœur de la France, il n'y a plus ni banquistes, ni coulissiers, ni agioteurs, ni traitants, mais en revanche, il y a d'honnêtes gens qui partagent entre eux leur moindre bouchée de pain, et qui apportent leurs biens, leurs fortunes, leur vie, sur l'autel de la patrie!

Et maintenant, ô Europe! descends dans le fonds de ta conscience et dis-nous combien de tes capitales seraient capables d'en faire autant.

. . . .

Il viendra, le jour de la délivrance, car ce Dieu, cette Providence que Guillaume remercie quand il est victorieux, et qu'il renie quand il est vaincu, est un Dieu de justice, et à moins que le droit ne périsse, la France doit être libre !

Londres, janvier 1871.

FIN.

www.ingramcontent.com/pod-product-compliance
Lightning Source LLC
LaVergne TN
LVHW020942090426
835512LV00009B/1679